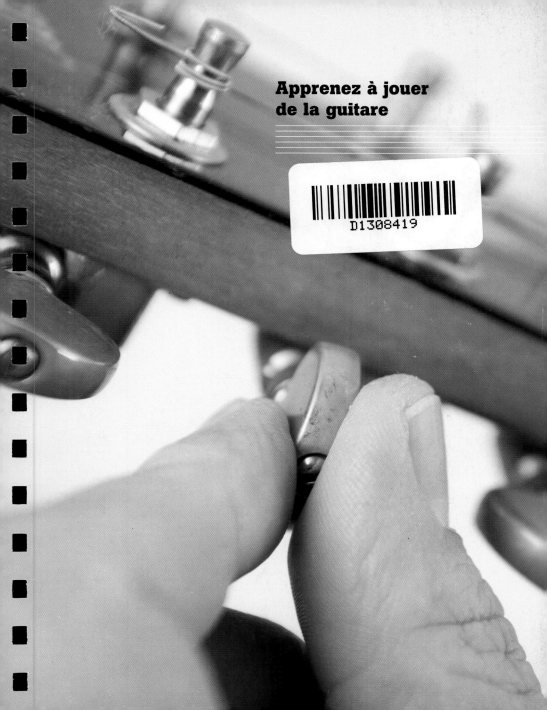

# Apprenez à jouer
# de la guitare

# Apprenez à jouer de la guitare

## Guide du débutant pour la guitare acoustique et la guitare électrique

*Phil Capone*

**Avec un CD *comprenant plus de 50 pistes d'accompagnement***

97-B, Montée des Bouleaux, Saint-Constant, Qc, J5A 1A9
Tél. : 450 638-3338, Téléc. : 450 638-4338
Internet : www.broquet.qc.ca
Courrier électronique : info@broquet.qc.ca

UN LIVRE DE QUARTO

Catalogage avant publication de Bibliothèque
et Archives nationales du Québec et Bibliothèque
et Archives Canada

Capone, Phil

Apprenez à jouer de la guitare

Traduction de: Learn to play the guitar.
Comprend un index.

ISBN 978-2-89000-889-2

1. Guitare - Méthodes d'auto-enseignement.
I. Titre.

MT588.C3614 2007    787.87'193    C2007-941349-8

**Pour l'aide à la réalisation de son pro-
gramme éditorial, l'éditeur remercie :**
Le gouvernement du Canada par l'en-
tremise du Programme d'aide au développement de l'industrie de l'édition
(PADIÉ) ; la Société de développement des
entreprises culturelles (SODEC) ; l'asso-
ciation pour l'exportation du livre cana-
dien (AELC). Le gouvernement du Québec
- Programme de crédit d'impôt pour l'édition de livres - Gestion SODEC.

Cet ouvrage est paru sous le titre original :
*Learn to play guitar*

Responsable du projet : Mary Groom
Directrice photo et maquettiste : Tania Field
Photographe : Martin Norris
Documentaliste : Diana LeCore
Directrice artistique adjointe : Penny Cobb
Directrice artistique : Moira Clinch
Éditeur : Paul Carslake

Pour l'édition en langue française :
Copyright © Broquet inc., Ottawa 2007
Dépôt légal – Bibliothèque nationale
du Québec
4ᵉ trimestre 2007

Traduction : Maurice Soudeyns
Révision : Denis Poulet, Marcel Broquet
Directrice artistique : Brigit Levesque
Infographie : Chantal Greer, Émilie Rainville
Sandra Martel

ISBN 978-2-89000-889-2

Imprimé et en Chine

# Table des matières

## Leçons **14**

## Répertoire d'accords   148

## Répertoire de gammes   176

## Guide de l'acheteur   226

# Introduction

De nos jours, il y a un nombre incalculable de méthodes de guitare sur le marché. Ce qui différencie ce livre des autres est qu'il a été conçu pour vous apprendre à jouer avec un minimum de difficulté. En plus de la traditionnelle tablature, il offre aussi une notation rythmique facile à lire. Trop de méthodes de guitare accordent peu d'importance aux éléments essentiels, semant confusion et frustration chez l'élève incapable de faire passer la musique de la page à l'instrument. En utilisant conjointement la notation rythmique et le CD, vous saurez exactement comment chacune des pièces devrait sonner et comment la jouer correctement.

Nous avons évité l'approche dogmatique tout au long du livre. La position idéale des mains, de même que la posture, sont indiquées au début de l'ouvrage pour éviter l'apparition de mauvaises habitudes frustrantes. Ce livre ne privilégie ni la guitare électrique ni aux fervents de guitare acoustique ; c'est un manuel de référence pour le guitariste en herbe. Le professionnel est censé connaître aussi bien la guitare électrique que la guitare acoustique. Si ce livre ne peut vous promettre de faire de vous un professionnel, il vous apprendra en revanche les techniques dont vous aurez besoin, en guitare électrique ou acoustique, en vous expliquant clairement comment vous servir aussi bien du plectre que des doigts tout au long des pages. Vous n'avez pas non plus besoin de posséder deux guitares pour tirer le meilleur parti de ce livre, chaque leçon ayant été conçue pour tous les types de guitares.

Non seulement, ce livre vous propose-t-il plus de trente leçons bien distinctes (beaucoup vous apprennent l'air et l'accompagnement), mais il vous offre aussi un répertoire d'accords indispensables présentant deux formes d'accords pour chaque accord majeur, mineur ou septième de dominante dont vous aurez besoin. Un répertoire de gammes illustre clairement deux positions différentes pour quatre types de gammes essentielles dans les douze tons. Enfin, un guide complet de l'acheteur, sans parti pris, explique non seulement les divers types de guitares offerts mais aussi quel amplificateur est le meilleur pour vous et de quels accessoires indispensables vous aurez peut-être besoin.

Finalement, ce livre est facile à emporter grâce à sa reliure spirale pratique et peu encombrante. Le fait qu'il s'ouvre à plat rend sa consultation agréable. Alors prenez votre guitare et allez-y !

# Au sujet des répertoires d'accords et de gammes

Pour vous aider à tirer le maximum des répertoires d'accords et de gammes, nous vous suggérons de parcourir le texte accompagnant les icônes et les symboles suivants. Nous avons réduit au minimum les explications théoriques et les détails inutiles afin que vous puissiez transposer les formes écrites sur la guitare le plus rapidement possible. Tout ce qu'il vous reste à faire maintenant est de commencer à jouer et de vous amuser.

## Répertoire d'accords

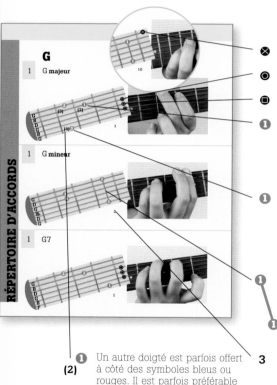

RÉPERTOIRE D'ACCORDS

**G**

1  G majeur

1  G mineur

1  G7

❌ Corde à vide non jouée dans l'accord.

◉ Corde à vide jouée dans l'accord.

⬛ Fondamentale à vide jouée dans l'accord.

❶ Indique l'emplacement de la note sur la touche et quel doigt devrait la jouer. La coloration rouge signifie que la note n'est pas une fondamentale et que, par conséquent, elle ne donnera pas son nom à l'accord.

❶ Indique la position des doigts sur le manche (le numéro indique quel doigt devrait être utilisé) et aussi que la note jouée est une fondamentale.

❶ Une ligne traversant deux cordes ou plus est un barré, qui signifie que ces deux cordes ou plus sont simultanément bloquées à l'aide d'un seul doigt.

**(2)** ❶ Un autre doigté est parfois offert à côté des symboles bleus ou rouges. Il est parfois préférable quand il faut passer plus rapidement à une forme particulière d'accord.

**3** Le nombre sous la première frette illustrée indique à quelle hauteur se situe l'accord sur le manche. 1 représente la première frette. Un nombre plus élevé signifie que l'accord est joué plus haut sur le manche.

# Répertoire de gammes

Il y a cinq formes possibles pour chacune des gammes, lesquelles, lorsque mises bout à bout, couvrent tout le manche avec les notes d'une gamme particulière. Mais pour ne pas vous submerger d'informations, nous ne vous donnons, pour chacune des gammes, que les deux formes les plus importantes : la forme 1 constituée d'un accord de E ouvert et de l'accord barré de six cordes correspondant, et la forme 4 constituée de l'accord de A ouvert.

Le doigté des gammes est minimal pour que le diagramme soit le plus clair possible. N'oubliez pas que les gammes doivent être jouées exactement en position, de sorte que si vous regardez la gamme de C majeur forme 1 de la page 178, vous remarquerez que seuls les doigtés les plus bas sont indiqués. C'est parce que la gamme est jouée entièrement à la septième position, c.-à-d. avec l'index sur la septième case. Le majeur jouera alors les notes de la huitième frette l'annulaire, les notes de la neuvième, et ainsi de suite. Les autres doigtés indiquent un prolongement hors position ou un changement de position vers le haut ou le bas à l'intérieur de la gamme. Par exemple : la forme 4 de la gamme de C majeur sur la même page passe de la seconde à la troisième position, ce qui donne les cinq notes les plus aiguës.

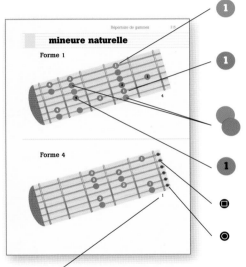

**1** Indique la position des doigts sur le manche (le nombre indique quel doigt devrait être employé) et aussi que la note jouée est une fondamentale.

**1** Indique l'emplacement de la note sur le manche et quel doigt devrait la jouer. La coloration rouge signifie que la note n'est pas une fondamentale et que, par conséquent, elle ne donnera pas son nom à l'accord.

Là où aucun nombre ne figure, le doigté demeure inchangé et « en position ».

**1** Le nombre noir indique que le doigté de la gamme se déplace « hors position ».

◉ Corde à vide jouée dans l'accord.

◉ Fondamentale à vide jouée dans l'accord (par ex., la note E dans un accord de E).

**1** Le nombre sous la première frette illustrée indique à quelle hauteur se situe la gamme sur le manche. 1 représente la première frette. Un nombre plus élevé signifie que la gamme est jouée plus haut sur le manche.

### Doigté
*Le doigté universel a été utilisé tout au long de l'ouvrage.*

# Le manche

Repérer les notes sur le manche n'est pas facile; même les joueurs d'expérience peuvent présenter des lacunes dans ce domaine s'ils ont d'abord appris par oreille. Ce diagramme, facile à utiliser, a été conçu dans le but de vous aider à repérer rapidement les notes sur le manche. Rappelez-vous qu'après la douzième frette, le manche répète les mêmes notes une octave plus haut (en commençant par la note de la corde à vide).

**Répétition des notes de la touche**

*Douze frettes égalent une corde à vide, ensuite les notes se répètent. Par exemple la 13e frette est la même que la première.*

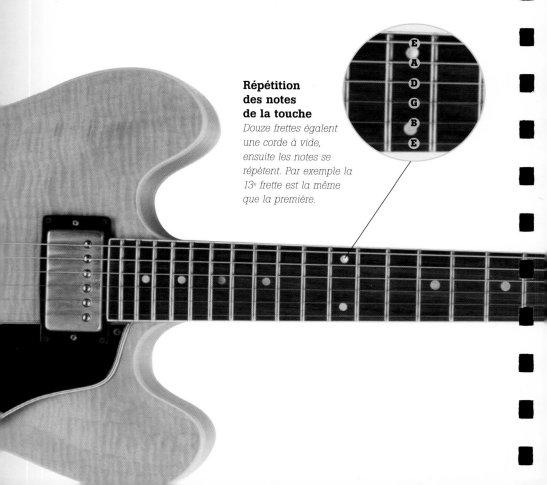

## Frette 1
6 – **Fa**
5 – **La#/Si♭**
4 – **Ré#/E♭**
3 – **Sol#/La♭**
2 – **Do**
1 – **Fa**

## Frette 2
6 – **Fa#/Sol♭**
5 – **Si**
4 – **Mi**
3 – **La**
2 – **Do#/D♭**
1 – **Fa#/Sol♭**

## Frette 3
6 – **Sol**
5 – **Do**
4 – **Fa**
3 – **La#/Si♭**
2 – **Ré**
1 – **Sol**

## Frette 4
6 – **Sol#/La♭**
5 – **Do#/Ré♭**
4 – **Fa#/sol♭**
3 – **Si**
2 – **Ré#/Mi♭**
1 – **Sol#/La♭**

## Frette 5
6 – **La**
5 – **Ré**
4 – **Sol**
3 – **Do**
2 – **Mi**
1 – **La**

## Frette 6
6 – **La#/Si♭**
5 – **Ré#/Si♭**
4 – **Sol#/La♭**
3 – **Do#/Ré♭**
2 – **Fa**
1 – **La#/Si♭**

## Frette 7
6 – **Si**
5 – **Mi**
4 – **La**
3 – **Ré**
2 – **Fa#/Sol♭**
1 – **Si**

## Frette 8
6 – **Do**
5 – **Fa**
4 – **La#/Si♭**
3 – **Ré#/Mi♭**
2 – **Sol**
1 – **Do**

## Frette 9
6 – **Do#/Ré♭**
5 – **Fa#/Sol♭**
4 – **Si**
3 – **Mi**
2 – **Sol#/La♭**
1 – **Do#/Ré♭**

## Frette 10
6 – **Ré**
5 – **Sol**
4 – **Do**
3 – **Fa**
2 – **La**
1 – **Ré**

## Frette 11
6 – **Ré#/Mi♭**
5 – **Sol#/La♭**
4 – **Do#/Ré♭**
3 – **Fa#/Sol♭**
2 – **La#/Si♭**
1 – **Ré#/Mi♭**

## Frette 12
6 – **Mi**
5 – **La**
4 – **Ré**
3 – **Sol**
2 – **Si**
1 – **Mi**

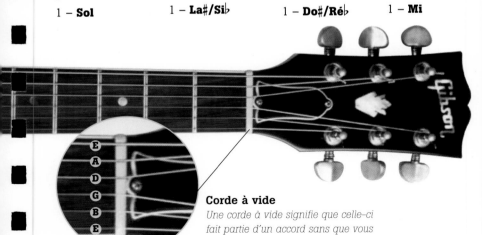

### Corde à vide
*Une corde à vide signifie que celle-ci fait partie d'un accord sans que vous ayez besoin d'appuyer sur une case pour la jouer.*

# Notes à l'intention des gauchers

# Notes à l'intention des gauchers

Les guitaristes gauchers font face à un dilemme supplémentaire. Vaut-il mieux acheter une guitare pour gaucher dès le début ou apprendre tout simplement à jouer avec la main droite et ainsi jouir du plus grand choix d'instruments offert aux droitiers? Parce que la main qui appuie sur les cases est très importante (la main droite, donc, chez un gaucher), beaucoup de gauchers choisissent tout bonnement une guitare pour droitier. Après tout, il n'existe pas de piano pour gaucher, pourquoi serait-ce une mauvaise chose de se servir d'une guitare pour droitier dès le début? Vous êtes la seule personne qui puisse répondre à cette question. Cependant, vous feriez bien d'essayer quelques guitares pour gaucher et pour droitier avant de prendre votre décision. Ne vous inquiétez pas si vous ne pouvez rien jouer pour le moment; il suffit de vous asseoir avec l'instrument et de pincer quelques cordes à vide. Si la guitare pour gaucher vous semble plus naturelle à tenir, alors suivez votre instinct.

### Adapter une guitare pour droitier

Jimi Hendrix a immortalisé l'image d'une guitare pour droitier montée à l'envers et dont les cordes sont inversées, mais cette modification peut causer un tas de problèmes d'intonation et d'accordage. Le pan coupé de la guitare électrique sera aussi du mauvais côté du manche, rendant l'accès aux notes aiguës plus difficile.

Il y a aussi des joueurs (généralement autodidactes) qui apprennent à jouer avec une guitare montée à l'envers sans que les cordes ne soient inversées, ce qui signifie que la corde la plus près de vous serait le Mi aigu et que tout serait, en fait, inversé. Et que toutes vos formes d'accords devraient être jouées à l'envers – un cauchemar éventuel! Bien que cette option soit la moins recommandée pour les gauchers, elle sert à démontrer qu'il n'y a pas de règles strictes.

À la longue, il peut être beaucoup moins problématique d'acheter tout simplement une guitare pour gaucher; les éléments-clés sont déjà inversés (c.-à-d. le chevalet, le sillet, la caisse et le manche), vous serez assuré d'être à l'aise pour jouer et l'instrument restera accordé.

### Comment utiliser ce livre

Pour ce qui est de lire la musique, que la tablature suit les règles de la notation traditionnelle, c.-à-d., la hauteur des sons dans la portée ne correspond pas à ce que l'on voit sur le manche; par conséquent, que vous soyez gaucher ou droitier importe peu. C'est plus compliqué en ce qui concerne les diagrammes d'accords et de gammes puisque leurs formes doivent être inversées. Ce n'est cependant pas aussi difficile qu'on pourrait le croire et de nombreux gauchers peuvent les déchiffrer instantanément avec un peu d'entraînement. Il existe aussi, bien sûr, d'excellents livres d'accords et de gammes conçus exclusivement pour les gauchers si tel est votre choix.

### Célèbre gaucher à l'œuvre

Le légendaire Jimi Hendrix avec sa *Fender Stratocaster*, une guitare pour droitier, *montée à l'envers avec cordes inversées.*

**Guitare pour gaucher**

*Voici une Gibson 335 pour gaucher. Le réglage du volume, celui de la tonalité, le sélecteur de micro, la plaque de protection et le chevalet ont tous été repositionnés.*

# Leçons

# Leçon 1
## Accorder la guitare

Il n'y a rien de plus décevant que d'écouter une guitare non accordée. Par conséquent, assurez-vous de bien savoir comment accorder votre instrument dès le début. Il est étonnant de constater combien les guitaristes peu intéressés à la chose sont nombreux, et ce ne sont pas seulement des débutants. On raconte souvent cette histoire du guitariste accompli (généralement inconnu), prêt à montrer ses aptitudes musicales, qui, lors d'une audition, se fait dire «merci, suivant!» après avoir joué quelques mesures et raté une possibilité de carrière parce que sa guitare n'était pas bien accordée. Par conséquent, souvenez-vous que si votre instrument n'est pas bien accordé, il sonnera faux. Faites en sorte que d'accorder votre guitare devienne aussi automatique que de boucler votre ceinture dans votre voiture. Chaque fois que vous l'utilisez, vérifiez si elle est accordée.

### À l'oreille

En anglais, cette méthode s'appelle *relative tuning* et elle consiste à accorder la guitare en la prenant pour point de départ. En vous guidant sur la tablature (voir leçon 5, page 24), vous serez en mesure de vérifier chaque corde, en commençant par la plus grave. Les notes doivent être jouées en même temps pour obtenir les meilleurs résultats. Lorsque vous vous approchez du ton, un phénomène de battement (ou une oscillation), dû à la différence de ton entre les deux cordes, se fera entendre ; à mesure que les tons se rapprochent, l'effet de battement diminue pour disparaître complètement quand les cordes sont accordées.

### À l'aide d'un accordeur

Les accordeurs électroniques sont généralement automatiques, ce qui ne veut pas dire qu'ils accordent la guitare pour vous, mais plutôt qu'ils peuvent reconnaître quelle corde est jouée ; par conséquent vous ne perdez pas de temps à chercher les boutons. L'accordeur vous indiquera si la corde est trop haute ou trop basse en s'aidant d'un cadran à aiguille ou à lumière LED. Tout ce que vous avez à faire ensuite est d'ajuster la cheville correspondante de la guitare. Malheureusement, si votre guitare est complètement désaccordée, l'accordeur ne pourra correctement reconnaître la hauteur de la corde. Par conséquent, si c'est le cas, n'hésitez pas à demander à votre marchand d'instruments local (ou à un ami guitariste) de vous aider à accorder votre guitare.

### Relative tuning

*Accordez deux cordes à la fois, tel qu'indiqué (les deux notes doivent avoir le même son). Le choix du doigt qui appuie sur la case importe peu, du moment que vous ne touchez pas à la corde du haut – il faut que vous fassiez sonner les deux cordes en même temps.*

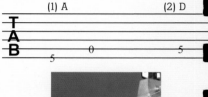

*Vérification
des 5ᵉ et 6ᵉ cordes*

### De quel côté tourner les chevilles?

Une fois que vous avez trouvé la corde désaccordée, le phase suivante consiste à l'accorder de nouveau. Les chevilles sont sur la tête de la guitare. Elles sont au nombre de six, soit trois de chaque côté ou six du même côté selon que vous ayez une guitare acoustique ou électrique. Établissez quelle cheville appartient à la corde que vous voulez ajuster (vous le ferez bientôt machinalement) et tournez-la dans le sens contraire des aiguilles d'une montre pour augmenter la hauteur du ton, ou dans le sens des aiguilles d'une montre pour la baisser. Si vous hésitez, jouez la note en l'ajustant de façon à entendre sa variation ; tournez légèrement la cheville chaque fois. Généralement une fraction de tour suffit.

Leçons

## Petit conseil

Lorsque vous utilisez un accordeur électronique, assurez-vous que le volume est au maximum. Si vous accordez une guitare acoustique (à l'aide du micro intégré de l'accordeur), posez l'accordeur sur vos genoux le plus près possible de la rosace.

### CD : piste 1

Pour vous aider à vous accorder plus facilement, suivez les notes du CD accompagnateur. Chaque corde est jouée trois fois.

Vérifier les cinquième et quatrième cordes.

Vérifier les quatrième et troisième cordes.

Vérifier les troisième et deuxième cordes (quatrième frette).

Vérifier les deuxième et première cordes.

Tournez la cheville de la cinquième corde dans le sens contraire des aiguilles d'une montre pour augmenter la hauteur du ton. Une fraction de tour suffit généralement à accorder la corde.

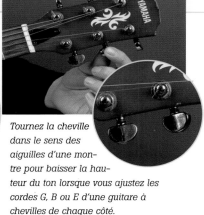

Tournez la cheville dans le sens des aiguilles d'une montre pour baisser la hauteur du ton lorsque vous ajustez les cordes G, B ou E d'une guitare à chevilles de chaque côté.

# Leçon 2
## Êtes-vous bien assis?

Avoir la bonne posture est très important; une mauvaise posture peut engendrer des problèmes musculaires. Par conséquent, il faut y penser sérieusement. Presque tous les guitaristes s'exercent assis; grimacer d'extase en maniant une «six cordes» surbaissée peut paraître cool, mais ça n'impressionne personne si vous ne pouvez jouer une note! Rappelez-vous qu'il est important d'être à l'aise quand vous exercez, et vous devriez aussi essayer d'éviter la fatigue musculaire inutile. Pensez qu'il ne faut pas prendre les conseils suivants à la lettre, mais plutôt vous en inspirer pour trouver la bonne position.

Beaucoup d'adeptes de la guitare électrique aiment utiliser une bretelle quand ils répètent avec un instrument à corps plein. Non seulement cette façon de faire augmente-t-elle la hauteur de la guitare, ce qui vous empêche de vous retrouver penché sur elle, mais elle aide aussi à répartir votre poids pour que l'apport sanguin ne soit pas interrompu dans l'une de vos jambes (les picotements qui en résultent sont douloureux).

**Petit conseil**

Il est plus difficile de jouer et donc de vous exercer si l'angle que forme le corps est peu commode, et conséquemment vous progresserez plus lentement.

Appuyez légèrement le dos contre le dossier de la chaise si elle en est munie.

Placez la guitare de telle sorte que la partie courbée vers l'intérieur repose sur votre cuisse droite.

Leçons

La plus grosse corde (E grave) doit être la plus près de vous et la plus petite (E aigu) la plus éloignée.

Le manche de la guitare doit être à peu près parallèle au plancher.

Les jambes ne doivent pas être croisées.

La tête pointe vers la gauche.

Si vous êtes assis correctement, le dos de la guitare devrait toucher votre estomac.

# Leçon 3
## Position de la main droite

Le problème, lorsqu'on enseigne la guitare contemporaine, c'est qu'il n'y a pas de bonne ou de
mauvaise façon de jouer. Il y a si longtemps que
la guitare classique existe qu'elle a établi ses
propres règles, mais la guitare contemporaine
en est à ses premiers balbutiements, sans
compter que beaucoup de ses pionniers étaient
de purs autodidactes. C'est souvent la façon peu
orthodoxe dont ils ont abordé l'instrument qui
les a rendus uniques. Malheureusement, beaucoup de professeurs sont dogmatiques en ce qui
concerne la technique du *picking.* C'est une
erreur car s'ils ont découvert un système qui
marche pour eux, cela ne signifie pas qu'il fonc-
tionnera pour vous. Pourquoi passer des années
à développer une technique propre au *shred* (et
donc au métal) ultra performante quand tout ce
qui vous intéresse, c'est de jouer du blues. La
guitare contemporaine est individualiste. Ce qui
compte, c'est de créer son propre son. Que
serait-il arrivé si l'on avait découragé Wes Montgomery de jouer avec son pouce ou dit à Eddie
Van Halen de ne pas frapper sur le manche?
Les positions suivantes pour droitier vous per-
mettront d'améliorer votre dextérité, d'être
techniquement plus polyvalent sans être can-
tonné dans un genre particulier et d'éviter les
mauvaises habitudes.

### Comment tenir le plectre
*Prenez le plectre entre le pouce et l'in-
dex. Remarquez comme la partie visible
du plectre est peu proéminente et comment il forme un angle droit avec le
pouce. Plus vous aurez de prise sur le
plectre, plus vous le contrôlerez.*

Leçons

**Petit conseil**

N'ayez pas peur d'essayer divers types de plectres de différentes épaisseurs. Vous constaterez peut-être que vous êtes plus à l'aise avec certains qu'avec d'autres. Pour le *fingerstyle* (jeu aux doigts), prenez un onglet.

**Position de la main droite avec le plectre**

*Essayez d'«ancrer» la main qui tient le plectre sur la plaque de protection en y déposant l'annulaire et l'auriculaire (ces derniers doivent demeurer souples pour se plier au mouvement du plectre sur les cordes).*

**Position de la main droite de l'adepte du *fingerpicking* (jeu aux doigts)**

*Quand vous utilisez la technique du fingerpicking, la main doit être suspendue au-dessus des cordes et le pouce doit demeurer parallèle aux cordes graves. Si vous pliez légèrement les doigts, vous pourrez pincer les cordes sans bouger la main.*

# Leçon 4
## Position de la main gauche

Puisque votre main gauche fait la plus grande
partie du travail lorsque vous jouez, il est important que vous mettiez au point une technique
souple qui vous permettra d'appuyer sur les
cases avec un minimum d'effort et un maximum
d'économie de mouvement. Les guitaristes con-
temporains peuvent apprendre beaucoup de
leurs cousins formés à l'école classique dont la
forme d'art a évolué sur une longue période. La
technique pour la main gauche des guitaristes
classiques est le résultat de centaines d'années
de perfectionnement. Mais une chose est sûre :
si vous ne faites pas un sérieux effort pour mettre au point une technique efficace de la main
gauche, vous ferez partie de ces milliers de guitaristes qui ont dû réapprendre cette technique
pour atteindre le niveau suivant. Si un guitariste
professionnel donne l'impression de jouer avec
facilité et sans effort, ce n'est pas parce qu'il est
doué, mais parce qu'il a passé des années à
perfectionner sa technique.

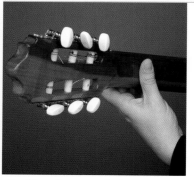

**Position du pouce de la main gauche**
*Il est important de garder le pouce derrière
le manche. Certains guitaristes vont se servir
de temps en temps du pouce pour produire
des notes sur la sixième corde, mais le garder en permanence dans cette position crée
inutilement de la tension dans la main.*

Leçons

## Petit conseil

Essayez de garder le pouce de la main gauche à l'arrière du manche et pointé vers le haut, les doigts au-dessus des cordes.

### L'angle des doigts

*Assurez-vous que le bout des doigts est droit, à 90 degrés, quand il appuie sur les cases pour éviter qu'il n'amortisse les cordes adjacentes. Il est aussi important de presser la corde près de la frette pour éviter que la note ne donne un son terne et de faible intensité.*

### Demeurer près de la touche

*En gardant les doigts au-dessus des cordes et près de celles-ci, il vous sera plus facile d'appuyer sur les cases puisque vous aurez moins à les bouger (votre petit doigt sera récalcitrant au début).*

# Leçon 5
## Lire la tablature

### Trouver les notes

La tablature est un système de notation simple largement employé pour la guitare. Son histoire remonte à la Renaissance (1400-1600) où l'on s'en servait pour noter la musique pour luth. Aujourd'hui, on s'en sert partout dans le monde dans les publications destinées à la guitare. Il existe même des sites Web consacrés à la tablature.

L'exemple 1 montre six lignes formant ce qu'on appelle une portée. Ces six lignes représentent les six cordes de la guitare, en commençant par le E grave au bas. Pour lire la tablature, tout ce que vous avez à faire est d'associer les nombres aux frettes de la guitare sur la corde correspondante.

Dans l'exemple 1, les deux premières notes sont la sixième corde à vide (0) E, suivie de (G) à la troisième frette (3) sur la même corde. Ce n'est pas plus compliqué que ça! Les notes à jouer simultanément sont tout simplement superposées comme on le voit au bout de la portée, où vous joueriez la troisième corde à vide (G) et la quatrième corde à vide (D) ensemble (ce doublé s'appelle un double corde).

### Le rythme

La tablature, comme tout ce qui est simplifié, a ses limites; le rythme et le doigté n'y figurant pas, elle constitue, dans le meilleur des cas, un outil incomplet. Pour remédier à ce problème, on ajoute souvent une véritable portée au-dessus de la tablature. Pour ne pas mettre trop d'informations et donc compliquer les choses, seule la notation rythmique est indiquée (des photos montreront le doigté). Ce type de notation est souvent employé en musique contemporaine où les parties guitare, qui ne contiennent souvent que des symboles d'accords, sont écrites au-dessus de la notation rythmique. Les «notes» sont des caractères adaptés de la notation courante, la différence étant la forme de la tête de la note - les notes vides prennent la forme d'un diamant et les notes pleines celle d'un trait - et la façon dont elle est placée sur la portée (elle occupe les deux espaces du centre). L'exemple 4 est simplement l'exemple 1 auquel on a ajouté le rythme (au-dessus).

### Sens du plectre

L'*Alternate strumming* (le gratté aller-retour) et l'*alternate picking* (aller-retour avec le plectre) utilisent les mêmes symboles.

 plectre vers le bas

 plectre vers le haut

## Exemple 1

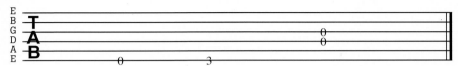

## Exemple 2

Note : si un point se trouve près de la note, sa valeur est augmentée de la moitié,
c.-à-d. une blanche pointée vaut trois temps.

## Exemple 3

Note : si un point se trouve près du silence, sa valeur est augmentée de la moitié, c.-à-d. un
demi-silence pointé vaut trois temps.

## Exemple 4

# Leçon 6
## Pour commencer : trois formes faciles d'accords

Aussi incroyable que cela puisse paraître, lorsque vous aurez maîtrisé le *three-chord trick,* vous pourrez jouer littéralement des centaines de chansons à l'aide d'une simple suite de trois accords et impressionner vos copains. Sans trop nous enfoncer dans la théorie, disons que chaque tonalité majeure comprend trois accords qui sont à la base d'une cadence appelée *three-chord trick :* l'accord du premier degré ou tonique, du quatrième degré ou sous-dominant, et du cinquième degré ou accord dominant. Dans le ton de G, ce sont les accords de G (I), C (IV) et D (V). Les accords I, IV et V sont souvent considérés comme des «accords primaires», peu importe la tonalité. Une fois que vous aurez maîtrisé ces formes, la prochaine étape sera d'apprendre à passer rapidement d'une forme à l'autre. Prenez le temps de regarder jusqu'où chacun de vos doigts doit se déplacer, lequel doit se déplacer le plus loin, etc. Vous vous rendrez compte que d'examiner le mouvement en détail avant de jouer vous fait vraiment progresser.

### Chansons célèbres sur trois accords

Voici une courte liste de classiques de la chanson que l'utilisation du *three-chord trick* peut vous permettre de jouer (ces chansons ont été enregistrées dans diverses tonalités).
- *Blue Suede Shoes*
  Elvis Presley
- *Johnny B Goode*
  Chuck Berry
- *Bye Bye Love*
  The Everly Brothers
- *Wild Thing*
  The Troggs/Jimi Hendrix
- *Peaceful Easy Feeling*
  The Eagles
- *Sweet Home Alabama*
  Lynyrd Skynyrd
- *Rock & Roll*
  Led Zeppelin
- *Love Me Do*
  The Beatles
- *La Bamba*
  Richie Valens
- *Lay Down Sally*
  Eric Clapton
- *Big Yellow Taxi*
  Joni Mitchell
- *Blowin' in the Wind*
  Bob Dylan

### Notation des accords

Le terme «majeur» ne fait généralement pas partie du symbole de l'accord (contrairement à mineur et accord de septième, par exemple). Par conséquent pour C majeur, on écrit seulement C, et pour G majeur, G.

### Tirez le maximum de vos exercices

Lorsque vous exercez, essayez de visualiser à l'avance ce que vous allez jouer. Cela vous aidera à vous faire une idée précise de ce que vous voulez que vos doigts fassent avant de prendre votre guitare.

Leçons

# G

Dans cet accord, la distance entre le deuxième et le troisième doigt est grande. Ça vous semblera peut-être difficile au début, alors soyez patient !

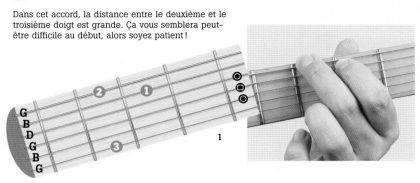

# C

Vérifiez chaque note individuellement pour vous assurer que vous n'amortissez pas les cordes à vide dans cet accord. Essayez d'ajuster l'angle de vos doigts s'il y a des notes qui ne sonnent pas.

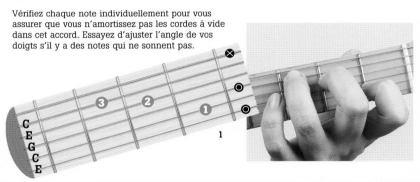

# D

Vérifiez que le bout de l'annulaire est bien droit lorsque vous jouez cet accord.

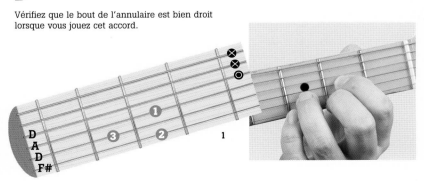

# Leçon 7
## Garder la mesure : taper le rythme

Le rythme est roi, un point c'est tout. Sans le rythme, il n'y a pas de musique. Un rythme entraînant sans mélodie ni harmonie peut quand même faire lever et danser les gens. Alors, assurez-vous de bien comprendre le contenu rythmique de ce que vous jouez, peu importe ce que c'est ; si vous pouvez taper le rythme, vous pouvez le jouer ! Vous pouvez utilisez le CD accompagnateur pour savoir comment devrait sonner un *riff* ou une mélodie, mais ne comptez pas là-dessus. Si vous prenez l'habitude de taper le rythme avant de jouer, il est certain que vous jouerez mieux et que vous serez meilleur du point de vue musical.

Nous avons parlé de la notation rythmique à la leçon 5 (voir page 24), mais il vaut la peine d'y jeter un autre coup d'œil pour être certain que vous savez bien lire les notes et les silences avant d'aller plus loin. Lorsque vous effectuez ces exercices, essayez de taper du pied en même temps (cela risque de prendre un peu de temps, alors ne vous énervez pas si vous trouvez que c'est difficile au début). La syncope est la prolongation sur un temps fort d'un élément accentué d'un temps faible et est utilisée dans presque tous les styles de musique. Les exercices suivants ont été conçus pour vous aider à jouer des notes sur les temps ou à contretemps pour que vous puissiez utiliser sans crainte la syncope. Commencez par répéter chaque portée séparément et, par la suite, vous devriez être capable de joindre les deux exercices.

**Leçons**

### Exemple 1
*La première mesure se sert de silences pour mettre l'accent sur les temps forts un et trois. Dans la deuxième mesure, les silences ont changé de place de sorte que vous tapez sur les temps faibles deux et quatre. C'est ce qu'on appelle un back beat et c'est la base rythmique sur laquelle repose la pusique populaire.*

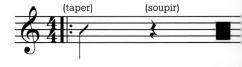

comptez :    1              2

### Exemple 2
*La première mesure contient huit notes. Par conséquent, vous tapez deux notes à chaque temps. La deuxième mesure est plus difficile parce que des silences sont ajoutés pour produire une syncope. Commencez lentement et n'oubliez pas de compter le + après chaque temps, c'est là que «tombe le contretemps».*

comptez :    1    +    2    +

## Barre de répétition

Une barre épaisse suivie d'une barre fine et de deux points indiquent qu'il faut répéter ce qui suit. Toujours répéter ce qui est écrit entre ces deux symboles de répétition (ce peut être plusieurs mesures).

## Petit conseil

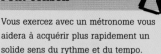

Vous exercez avec un métronome vous aidera à acquérir plus rapidement un solide sens du rythme et du tempo.

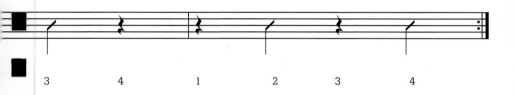

# Leçon 8
## Le rock : trois *riffs* faciles

Qu'est-ce qu'un *riff*? Musicalement parlant, c'est un ostinato, un procédé musical consistant à répéter une courte formule rythmique facile à retenir (ordinairement pas plus de deux mesures) qui capte l'attention de l'auditeur et l'incite à s'abandonner. Les *riffs* sont les pierres avec lesquelles on a construit le rock'n 'roll, et toute chanson rock qui se respecte a son *riff*. Des exemples de classiques du genre : écoutez *Smoke On The Water* de Deep Purple, *American Idiot* de Green Day, *Smells Like Teen Spirit* de Nirvana ou *Satisfaction* des Rolling Stones (le *riff* original - un des premiers à utiliser une *fuzzbox*).

Les trois *riffs* illustrés ci-dessous sont joués sur la sixième corde. Il y a deux raisons à cela : d'abord, les *riffs* sont généralement plus efficaces dans les graves que dans les aigus. Ensuite, en jouant toutes les notes sur la sixième, on évite les difficiles changements de cordes, ce qui signifie que vous serez debout en train de jouer en moins de deux ! Une fois que vous aurez maîtrisé ces *riffs*, vous pourrez les jouer à vos amis – un bon *riff* est un excellent prétexte pour improviser une *jam session* (improvisation collective).

### *Riff* facile : exemple 1

*Gardez toujours la main à la troisième position (c.-à-d. l'index sur la troisième case) ; l'annulaire devrait alors être au-dessus de la cinquième case.*

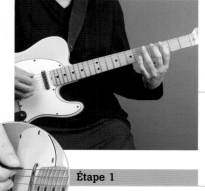

**Étape 1**

*Avant de commencer, assurez-vous d'avoir la main à la troisième position (gardez l'index au-dessus de la troisième case). Bien que les deux premières notes soient à vide, les doigts seront en position prêts à jouer les notes.*

## Tirez le maximum de vos exercices

La meilleure façon d'apprendre rapidement est de commencer lentement et de prendre progressivement de la vitesse. Pour obtenir les meilleurs résultats, servez-vous d'un métronome et commencez à un tempo peu exigeant (60 bpm est un bon point de départ).

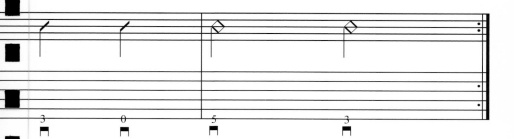

### Étape 2

*Appuyez sur la troisième case de la sixième corde avec l'index et joue la note. Essayez de garder l'annulaire au-dessus de la cinquième case, prêt à jouer la prochaine note.*

### Étape 3

*Appuyez sur la cinquième case avec l'annulaire et jouez la note. Idéalement, seuls les doigts devraient bouger tandis que la main demeure à la troisième position.*

### *Riff* facile : **exemple 2**

*Attention au* picking *aller-retour dans
cet exemple. Dans la deuxième
mesure, parce que la première note
est liée (elle sonne depuis l'autre
mesure, donc le plectre ne la joue pas),
la première note jouée commence plectre vers le haut.*

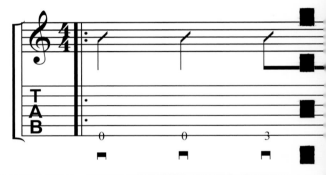

#### Étape 1

*Ce* riff *commence aussi avec la main
à la troisième position prête à jouer
les notes.*

#### Étape 2

*Appuyez sur la
troisième case
de la sixième corde
avec l'index. La main droite devrait
jouer plectre vers le bas.*

**Leçons**

## Petit conseil

Le contenu rythmique du *riff,* quel qu'il soit, est tout aussi important que les notes. Assurez-vous de pouvoir taper le rythme avec précision avant de commencer à jouer.

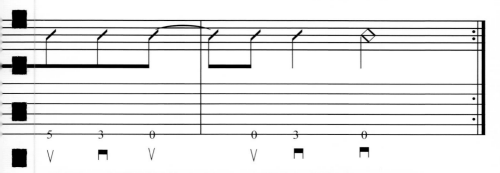

**Étape 3**

*Appuyez sur la cinquième case de la sixième corde avec l'annulaire. La main droite devrait simultanément jouer plectre vers le haut.*

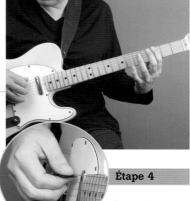

**Étape 4**

*Gardez la main à la troisième position et revenez à la note de la corde à vide. La main droite devrait jouer encore une fois plectre vers le haut.*

### *Riff* facile : exemple 3

*Ce riff est aussi à la troisième position,
mais vous devrez déplacer l'annulaire
sur la huitième case pour les deux dernières notes de la seconde mesure.*

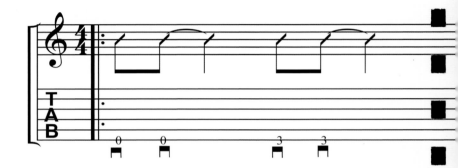

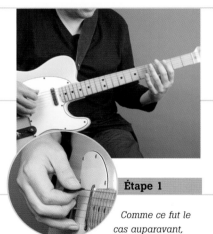

**Étape 1**

*Comme ce fut le
cas auparavant,
assurez-vous que la
main est à la troisième position avant
de commencer le riff. Toutes les notes
de ce riff sont jouées plectre vers le bas
pour produire un rythme dynamique.*

**Étape 2**

*Appuyez sur
la troisième
case de la sixième
corde avec l'index et jouez la note.*

## Sur le CD : pistes 2-4

On peut écouter ces trois *riffs* sur le CD accompagnateur. Commencez par les écouter en suivant la musique.

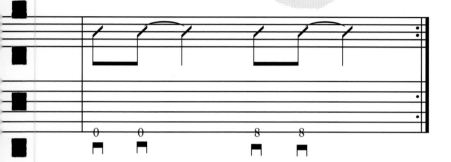

### Étape 3

*Tandis que vous revenez à la corde à vide,* déplacez votre main vers le haut du manche jusqu'à la sixième position (l'index devrait être au-dessus de la sixième case) pour être prêt à jouer la note suivante.

### Étape 4

*Avec la main déjà à la sixième position, tout ce que* vous devez faire est d'appuyer l'annulaire sur la touche pour exécuter les deux dernières notes sur la huitième case. Si vous répétez le riff, ramenez la main à la troisième case en jouant les deux premières notes à vide et répétez les étapes 2 et 3.

# Leçon 9
## Techniques de base du *strumming*

À partir de maintenant, vous devriez avoir mémorisé les accords de G, C et D de la leçon 6. Vous commencez aussi à en avoir probablement marre de toujours jouer les mêmes trois formes. En attaquant légèrement les cordes avec le plectre, vous pourrez ajouter un peu de rythme à ces formes d'accords et faire en sorte qu'elles produisent un son beaucoup plus intéressant. Vous avez sans doute déjà vu des guitaristes gratter la guitare et pensé que c'était très facile, mais comme tout ce qui demande de la coordination, ce peut être difficile au début. Le bon côté est que lorsque vous aurez maîtrisé l'attaque grattée (*strumming*), vous produirez un son plus professionnel et pourrez impressionner vos amis. Chaque exemple se sert de l'accord de G pour la simple raison qu'il utilise les six cordes, de sorte que vous pourrez mieux vous concentrer sur le rythme. Une fois que vous pourrez jouer chaque exercice sans crainte de vous tromper, essayez de jouer un accord de C ou de D au lieu de G. Rappelez-vous simplement de ne toucher aucune des cordes à vide non jouées avec le plectre (elles sont marquées d'un «x» dans les diagrammes). Comme pour tous les exercices de ce livre, n'oubliez pas de taper en entier chaque exemple avant de le jouer.

### Exemple 1

*C'est un gratté sans interruption de huit notes en allant et venant avec le plectre jusqu'à la fin. Notez que le gratté vers le bas tombe sur le temps tandis que le gratté vers le haut est à contretemps.*

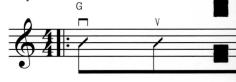

comptez :    1        +

### Sur le CD : pistes 5-7

Tous ces rythmes grattés utilisent l'accord de G sur le CD. Après avoir joué chacun des exercices un certain nombre de fois, essayez de les jouer en même temps que le CD.

## Direction du *strumming*

*Alternate strumming* et *alternate picking* partagent les mêmes symboles.

⊓  B gratté vers le bas

V  gratté vers le haut

## Petit conseil

Il est important que le poignet de la main qui exécute les grattés soit toujours détendu. Ne le laissez pas devenir tendu. Chaque mouvement vers le bas ou vers le haut devrait parcourir la même distance pour maintenir un rythme constant.

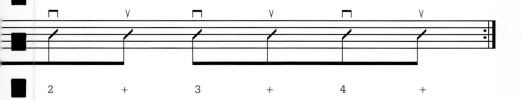

2     +     3     +     4     +

### Étape 1

*Voici comment devrait être positionné le plectre au début du premier gratté vers le haut. Gardez le plectre à un angle de 90 degrés par rapport aux cordes et déplacez-le vers le haut, délicatement, en le frottant contre les six cordes.*

### Étape 2

*Tout de suite après chacun des grattés vers le haut, le plectre revient au gratté vers le bas. Ne donnez pas de trop grands coups. Il est plus facile de tenir un rythme constant avec de petits coups précis.*

G

comptez :         1           +         2          +

### Exemple 2

*Gardez la main qui exécute le gratté constamment en mouvement, comme s'il s'agissait d'un pendule. Le mouvement vers le haut n'entre pas en contact avec les cordes sur le premier, deuxième et quatrième temps, c'est ce qu'on appelle un* ghosted strumming.

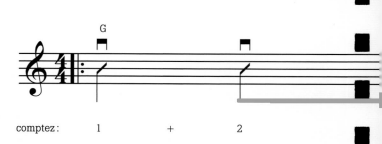

G

comptez :         1           +         2

### Exemple 3

*Cet exemple ajoute un* ghosted strumming *vers le bas sur le troisième temps comme ils sont beaucoup plus difficiles à jouer, ne vous en faites pas si vous trouvez cet exercice difficile. Commencez lentement et assurez-vous de ne pas vous arrêter de compter.*

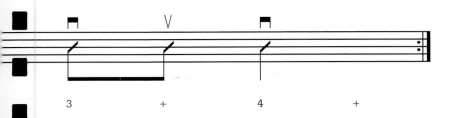

3     +     4     +

## Étape 1

*Commencez le premier gratté vers le bas avec le plectre à 90 degrés. Essayez de revenir exactement à la même position à la fin du gratté à vide vers le haut.*

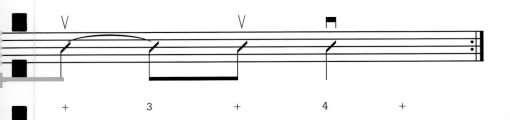

+     3     +     4     +

## Étape 2

*Au début du strumming vers le haut sur le deuxième temps, votre plectre devrait être dans cette position. Gardez la main en mouvement et le même rythme que précédemment lorsque vous jouerez le gratté à vide vers le bas qui suivra.*

# Leçon 10
## D'autres accords

Cette leçon explique les deux autres formes d'accords majeurs ouverts, de même que deux accords mineurs ouverts. On dit de ces accords qu'ils sont «ouverts» parce que tous ceux que vous avez appris jusqu'ici étaient constitués de notes jouées et de cordes à vide. Le terme «ouvert» ne fait que distinguer ces formes des accords barrés qui ne contiennent pas de cordes à vide (nous en reparlerons plus loin).

La leçon 6 vous a appris les accords de G, C et D. Si nous ajoutons les accords de E et A, vous aurez appris cinq accords très importants : les cinq formes ouvertes desquelles dérivent tous les autres accords de guitare. Et ce n'est pas fini. Vous ajouterez aussi à votre collection d'accords, dont le nombre croît rapidement, les accords de E mineur et de A mineur. Comme pour les accords majeurs, l'abréviation de «mineur» est *m* placé après le nom de l'accord ; par conséquent, E mineur s'écrit généralement Em (ou parfois Emin).

### Petit conseil

Souvenez-vous de garder les doigts le plus près possible des frettes. Si vous ne placez pas les doigts juste derrière les frettes, les notes sont plus difficiles à jouer et peuvent aussi sonner faux.

## E

Vous devez vous assurer que vous n'amortissez pas l'importante note de la troisième corde en la touchant accidentellement avec l'annulaire. Il est indispensable de garder les doigts à un angle de 90 degrés par rapport à la touche.

E
B
E
G#
B
E

1

# A

Cet accord peut être un peu difficile à jouer avec trois doigts entassés à la frette. Essayez de placer les doigts de telle sorte que l'annulaire soit le plus près de la frette, le majeur un tout petit peu derrière et ainsi de suite.

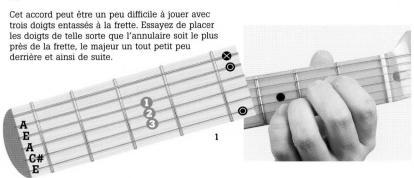

## Em

Cette forme est la même que celle du E majeur sans l'index. Comme pour l'accord de E, assurez-vous que la troisième corde sonne distinctement (c'est cette note qui détermine si l'accord est mineur ou majeur, donc il est important qu'on l'entende).

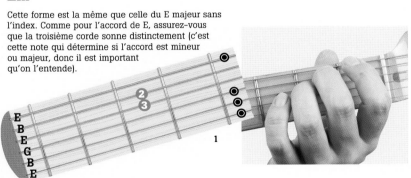

## Am

Cette forme est identique à celle du E majeur, mais elle est jouée plus haut de telle sorte que chaque doigt monte d'une corde. Notez que la sixième corde à vide ne devrait pas être jouée.

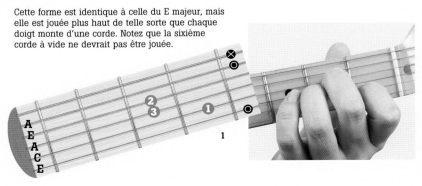

# Leçon 11
## Technique de base du *fingerpicking*

La technique du *fingerpicking* consiste à pincer les cordes à l'aide du pouce et des doigts. C'est une technique emballante qui offre un univers de possibilités nouvelles. Elle n'est pas seulement populaire auprès des adeptes de la guitare acoustique, des chanteurs et des paroliers, de nombreux joueurs de guitare électrique délaissent aussi le plectre pour le *fingerstyle,* à cause de sa douce sonorité et de sa plus grande souplesse (Jeff Beck et Mark Knopfler ne sont que deux des célèbres adeptes de la technique). Certains guitaristes se laissent pousser les ongles ou utilisent un onglet et un plectre pour produire un son plus percutant, mais ce n'est pas vraiment nécessaire pour apprendre le technique de base.

Il n'y a pas de règles strictes en ce qui concerne le *fingerpicking,* mais généralement, vous devez vous servir du pouce (p) pour les notes graves (les trois grosses cordes) et de l'index (i), du majeur (m) et de l'annulaire (a) pour la mélodie. La première fois que vous essaierez de jouer quelque chose en *fingerpicking,* jouez les parties séparément, c'est-à-dire jouez la partie basse d'abord et ensuite la mélodie avant de les jouer ensemble. Vous apprendrez ainsi d'une manière efficace et plus rigoureuse.

### Exemple 1

*Il n'y a pas de notes jouées à la frette qui posent problème dans cet exemple. Si vous jouez les cordes à vide tel qu'indiqué, il en résultera un simple accord de E mineur. Notez le pincement (basse et mélodie jouées ensemble) sur les premier et troisième temps.*

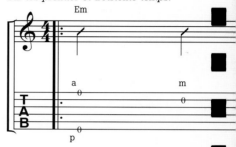

### Étape 1

*Le premier pincement est joué avec le pouce (p) et l'annulaire (a). Remarquez comme la main est courbée. Gardez les doigts à 90 degrés par rapport aux cordes.*

## Petit conseil

Ne bougez pas la main, seuls les doigts sont en mouvement. Ils devraient être pliés à la première jointure pour que vous puissiez pincer en vous éloignant des cordes sans bouger la main.

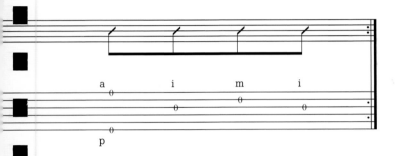

### Étape 2

La deuxième note est pincée avec le majeur (m). Gardez le pouce près de la sixième corde sans la toucher.

### Étape 3

Utilisez l'index (i) pour pincer la troisième corde. Gardez les autres doigts et le pouce au-dessus des cordes sans les toucher.

## Exemple 2

*La main droite pince les mêmes notes que dans la seconde moitié de l'exemple 1, mais cette fois il s'agit d'un accord de Em complet avec des notes graves supplémentaires. Notez que les pincements tombent sur le temps et sont toujours suivis par le G ouvert à contretemps.*

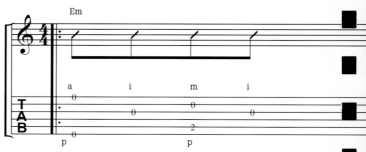

**Étape 1**

*Comme dans l'exemple 1, utilisez le pouce (p) et l'annulaire (a) pour pincer les cordes sur le premier temps.*

**Étape 2**

*Tout de suite après le pincement, jouez la troisième corde à vide avec l'index (i).*

Leçons

## PIMA

Les doigts de la main droite ont des noms qui viennent de la tradition espagnole, car l'usage de chiffres prêterait à confusion avec ceux de la main gauche.

p (pulgar) = pouce                m (medio) = majeur
i (indice) = index                a (anular) = annulaire

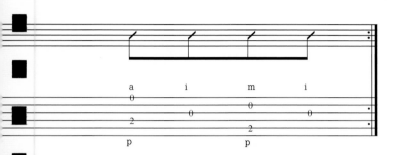

### Étape 3

*Pour le second pincement, déplacez le pouce sur la cinquième corde en jouant simultanément la note la plus aiguë avec le majeur (m).*

### Étape 4

*Lorsque vous jouez le troisième pince-ment sur le troisième temps, déplacez le pouce (p) sur la quatrième corde et jouez la première corde à l'aide de l'annulaire (a).*

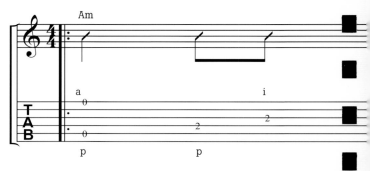

## Exemple 3

*Parce que les notes de la mélodie tombent à contretemps dans cette forme, il est plus difficile d'exécuter chacune des parties séparément. Essayez de commencer avec les notes graves (jouées avec le pouce) et ajoutez progressivement la mélodie une note à la fois.*

### Étape 1

*Exécutez le premier pincement sur le premier temps avec le pouce (p) qui attaque la cinquième corde tandis que l'annulaire (a) joue la première.*

### Étape 2

*Le deuxième temps commence par une seule note grave sur la quatrième corde. Jouez-la avec le pouce (p).*

**Leçons**

## Sur le CD : pistes 8-10

Les trois formes de pincement se trouvent sur le CD. Une fois que vous pourrez jouer chacun des exercices sans crainte de vous tromper, essayez de les jouer en même temps que le CD.

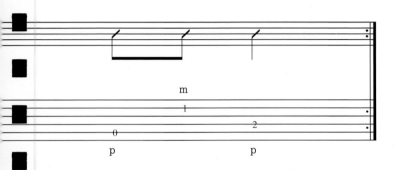

### Étape 3

*Tout de suite après avoir joué la note grave de la quatrième corde, pincez la troisième corde avec l'index (i).*

### Étape 4

*Après avoir joué la cinquième corde avec le pouce sur le troisième temps, pincez la deuxième corde avec le majeur (m).*

# Leçon 12
## Trois progressions d'accords

Il ne sert pas à grand-chose d'apprendre des suites d'accords si ce n'est pas pour les utiliser dans des chansons. Par contre, essayer d'apprendre toute une chanson dans un de ces livres rébarbatifs souvent remplis de portées qu'il faut arriver à comprendre avec seulement quelques minuscules symboles d'accords perchés tout en haut de la page peut s'avérer une perspective décourageante. La meilleure façon de mémoriser des chansons est de les apprendre par parties, en commençant par les couplets, ensuite les ponts et enfin le refrain. Sachant cela, les trois exemples suivants ne sont que des suites d'accords de quatre petites mesures déjà bien connues. Elles sont tout indiquées vous exercer aux les accords que vous avez appris jusqu'à maintenant, et vous pouvez utiliser le style gratté ou pincé des leçons 9 et 11 que vous préférez. Lorsque vous essaierez ces progression, la première fois, jouez chacun des accords sur le premier temps seulement. Ensuite, vous aurez trois temps avant d'attaquer l'accord suivant dans la prochaine mesure (il est préférable de vous exercer avec un métronome). Quand vous aurez réussi cela, vous pourrez progressivement introduire la forme grattée ou pincée.

### Exemple 1

*Cette suite du genre «three-chord trick» utilise les accords majeurs appris à la leçon 6 (voir page 26). Lorsque vous jouerez la progression en gratté, assurez-vous de ne pas toucher aux cordes à vide non jouées que comportent les accords de C et de D.*

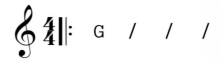

### Exemple 2

*Cette suite alterne les accords majeurs et mineurs pour créer un accompagnement plus sombre et plus mélancolique. Assurez-vous de ne pas toucher à la sixième corde lorsque vous jouez l'accord de C.*

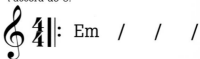

### Exemple 3

*Les accords de A mineur et de E exigent exactement le même doigté, alors pour passer rapidement et facilement de E à Am, ne bougez pas les doigts.*

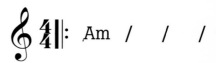

Leçons

## Petit conseil

La forme de *fingerpicking* utilisée au numéro 3 est idéale pour jouer ces progressions à condition que vous changiez deux notes graves. Ainsi, pour G et Em, déplacez la note la plus grave de la cinquième à la sixième corde. Pour l'accord de D, inversez le motif de la basse de façon à commencer sur la quatrième corde. Écoutez le CD si vous craignez de vous tromper.

## Sur le CD : pistes 11-16

Chacune des progressions d'accords se trouve sur le CD, d'abord dans la forme grattée numéro 3, puis dans la forme pincée numéro 3.

| C / / / | G / / / | D / / / :|

| C / / / | Em / / / | G / / / :|

| C / / / | D / / / | E / / / :|

# Leçon 13
## La gamme pentatonique mineure

De toutes les gammes, la pentatonique mineure est la plus utilisée. C'est le cas en blues, en rock, en country et en jazz, par conséquent il est simplement logique que vous appreniez cette gamme en premier.

«Penta» signifie cinq en grec et le terme «pentatonique» désigne l'ensemble des gammes de cinq notes (il en existe de nombreux types différents). C'est cependant la gamme pentatonique mineure qui est absolument indispensable au guitariste, puisqu'elle n'est pas seulement employée pour créer des *riffs* et des progressions d'accords, mais aussi et surtout des solos. C'est avec cette gamme que la plupart des guitaristes font leurs premiers pas en improvisation. Les gammes sont constituées d'intervalles, ce qui les rend plus faciles à comprendre musicalement parlant.

La gamme pentatonique mineure se construit de la façon suivante : 1 (tonique) ; b3 (tierce mineure) ; 4 (quarte juste) ; 5 (quinte juste) ; b7 (septième mineure). Le tableau ci-contre explique comment ces intervalles se transposent sur le manche de la guitare. Tous les exercices doivent être joués à la première position, c.-à-d. jouez les notes de la deuxième frette avec le majeur et celles de la troisième frette avec l'annulaire.

### Tirez le maximum de vos exercices

Essayez de chanter chaque note avant de la jouer. Cette habitude vous aidera vraiment à intérioriser les sons de la gamme et accélérera le développement de votre oreille musicale.

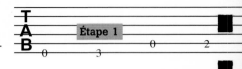

### Exemple 1
*Gamme pentatonique de E mineur d'une octave (octave = la tonique huit notes plus haut) ; souvenez-vous qu'il n'y a ni F ni C dans cette gamme). La dernière note est le E à l'octave, lequel est joué une fois tout juste avant de descendre.*

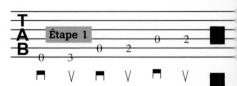

### Exemple 2
*Gamme pentatonique de deux octaves basée sur la forme 1 de l'accord de Em (il y a cinq formes de base pour chaque gamme). Assurez-vous d'employer la technique de l'*alternate picking *tel qu'indiqué (les gammes sont le véhicule parfait pour pratiquer la technique du* picking).

Leçons

## Intervalles

- ♭3 = tierce mineure (3 frettes)
- 4 = quarte juste (5 frettes)
- 5 = quinte juste (7 frettes)
- ♭7 = septième mineure (10 frettes)

Étape 2

Étape 1

Étape 2

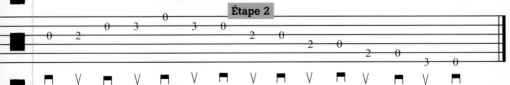

Étape 2

Étape 3

Étape 4

# Leçon 14
## Trois *riffs* pentatoniques

Il est maintenant temps de jouer quelques *riffs* cool basés sur la gamme pentatonique de E mineur. Contrairement aux *riffs* de la leçon 8, qui étaient tous sur une corde, ceux-ci sont joués sur plusieurs cordes. Le principal avantage de cette approche est qu'elle offre un plus grand choix de notes dans un espace de quelques frettes seulement. Les trois *riffs* suivants utilisent la syncope, ce qui rend la musique intéressante. Puisque la plupart des *riffs* ne sont constitués que de quelques notes, la syncope est indispensable. Assurez-vous de pouvoir taper chaque *riff* avant d'essayer de le jouer (n'oubliez pas de compter les temps). Si le rythme pose problème, écoutez le CD, mais rappelez-vous qu'il vaut beaucoup mieux comprendre le rythme que de simplement copier ce que vous entendez. Comme c'est le cas pour les gammes pentatoniques mineures, ces *riffs* devraient être joués à la première position. Lorsque que vous aurez maîtrisé ces *riffs*, vous pourrez essayer d'écrire les vôtres.

**Leçons**

### Exemple 1
*N'oubliez pas qu'une note liée a la valeur de la somme des deux notes, par conséquent la quatrième note de la première mesure devrait commencer sur le + du deuxième temps et sonner jusqu'au + du quatrième temps où la prochaine note commence.*

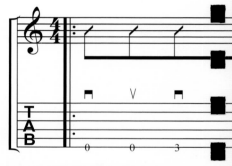

**Étape 1**

*La sixième corde à vide est jouée deux fois sur le premier temps (la deuxième fois plectre vers le haut).*

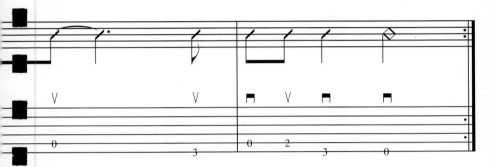

**Étape 2**

*La deuxième mesure aussi commence en* alternate picking *(plectre vers le haut pour la deuxième note).*

## Exemple 2

*Les changements de cordes sont difficiles en* alternate picking. *Essayez de garder le plectre entre deux cordes de telle sorte qu'un plectre vers le bas joue la corde la plus aiguë et un plectre vers le haut la plus grave.*

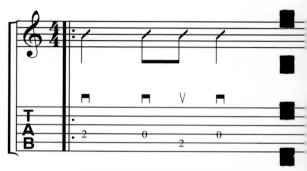

### Étape 1

*Tandis que vous jouez la deuxième corde à vide sur le deuxième temps, gardez le majeur au-dessus de la cinquième corde, prêt à jouer la note suivante.*

## Petit conseil

Il est indispensable de vous exercer avec un métronome pour acquérir un bon sens du rythme. Réglez le métronome à 60 bpm et augmentez progressivement la vitesse (cela peut prendre quelques jours) jusqu'à ce que vous atteigniez 100 bpm.

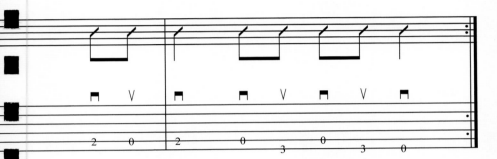

### Étape 2

*Cette photo montre la cinquième corde à vide en train d'être jouée sur le deuxième temps de la seconde mesure. Gardez l'annulaire au-dessus de la troisième case prêt à jouer la prochaine note.*

## Exemple 3

*Ce riff est lourdement syncopé, alors tapez-le avec précision avant d'essayer de le jouer. Vous devriez taper sur le + de chaque temps, du deuxième temps de la première mesure au second temps de la deuxième mesure.*

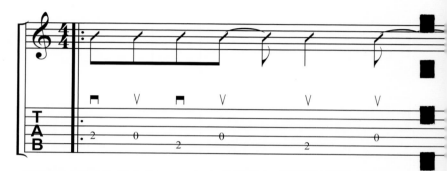

### Étape 1

La deuxième note (quatrième corde à vide) est jouée plectre vers le haut. Assurez-vous d'avoir le majeur en position de jouer la note suivante sur la cinquième corde.

### Étape 2

Bien que la cinquième note de la première mesure soit une noire, elle tombe à contre-temps (3 +). Assurez-vous de jouer plectre vers le haut tel qu'illustré.

Leçons

## Sur le CD : pistes 17–22

Chacun des *riffs* se trouve sur le CD,
à deux tempos différents. Le premier
est à 60 bpm, le second à 100 bpm
(le tempo auquel le *riff* devrait être
joué finalement).

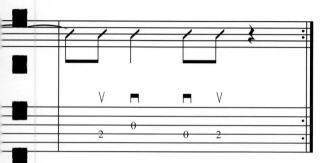

**Étape 3**

*La première
note de la
deuxième mesure*
tombe sur le + du premier temps.
Jouez-la avec le majeur plectre vers
le haut tel qu'illustré.

**Étape 4**

*La dernière
note de ce* riff
*est jouée avec le*
majeur plectre vers le haut.

# Leçon 15
## Monter le manche :
## les accords barrés

Les accords barrés sont différents de ceux appris jusqu'à maintenant. Ce sont des formes qu'on peut déplacer n'importe où sur le manche et qui ne comportent pas de cordes à vide. Ils sont aussi plus difficiles à jouer parce que l'index doit appliquer une pression constante sur cinq ou six cordes. Une fois que vous aurez maîtrisé ces formes cependant, vous aurez l'impression d'être un professionnel, et les accords bizarres comme Bb ou F# ne vous causeront plus de souci.

Puisque la note la plus grave donne son nom à l'accord, les notes des cinquième et sixième cordes devront vous être familières ; un coup d'œil à l'illustration du manche en pages 10 et 11 est donc tout indiqué. Comme les accords barrés sont généralement plus faciles à barrer à mesure qu'on s'approche du haut du manche, commencez à les pratiquer à la hauteur où vous sentirez que vos doigts sont le moins sollicités (la cinquième case est un bon point de départ, c'est-à-dire un accord de A majeur pour lequel vous vous servirez de l'exemple 1). Enfin, ne vous découragez pas si vous n'arrivez pas à jouer ces accords du premier coup. Tout le monde les trouve difficiles ; faire sonner clairement toutes les cordes sera difficile tant que vous n'aurez pas acquis la force nécessaire dans les doigts de la main gauche.

### Petit conseil

La meilleure façon de développer votre technique est de vous exercer souvent mais pas trop longtemps. Par exemple, vous pourriez répété quelques mesures d'accords pendant les pubs lorsque vous regardez la télévision.

### Type de barrés

Un accord de type « 1 » est un barré de six cordes basé sur un accord de E ouvert. Le type « 2 » est un barré de cinq cordes basé sur un accord de A ouvert.

Leçons

## Accord majeur de type 1

Accord barré majeur de six cordes. L'index devrait être posé à plat sur toute la largeur de la touche le plus près possible de la frette. Une fois les autres doigts en place, vérifiez que chacune des notes sonne bien en les jouant l'une après l'autre.

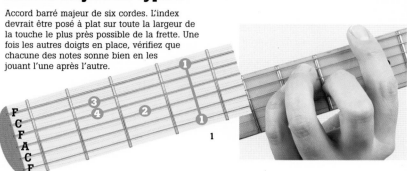

## Accord mineur de type 1

Le retrait du majeur transforme l'accord majeur en accord mineur. Il est important de vérifier que la note de la troisième corde sonne clairement (au besoin, ajustez la position de l'index).

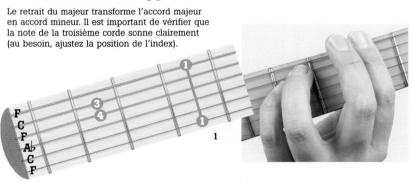

## Accord majeur de type 2

Il s'agit d'un accord de cinq cordes, par consé-quent,on ne doit pas entendre la sixième. Une bonne façon d'y parvenir est de toucher la sixième corde du bout de l'index, ce qui va l'empêcher de sonner.

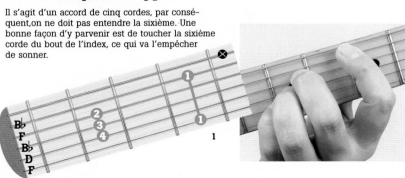

# Leçon 16
## Accords barrés et accords ouverts confondus

Un jour ou l'autre vous tomberez sur une chanson qui contient un accord de F. Même un *three-chord trick* en C comporte des accords de C, F et G, par conséquent il est probable que la première fois que vous utiliserez un accord barré se produira quand vous n'aurez pas la possibilité d'employer un accord ouvert. L'exemple 1 illustre parfaitement cette situation. Une fois que vous serez sûr de vous avec les accords barrés, vous vous surprendrez probablement à les substituer aux accords ouverts à cause du son plein et riche qu'ils produisent. Le barré de type 1 (six cordes) convient particulièrement aux œuvres rythmées. Il ne contient pas de corde à vide dont il faut se méfier. Par conséquent, vos grattés peuvent être aussi énergiques que vous le désirez.

Écoutez le légendaire guitariste de Stax house, Steve Cropper, jouer le classique *Midnight Hour* ou *Knock On Wood.* Les deux airs ont été coécrits par Cropper et tous deux commencent par des barrés de type 1 descendant qui se résolvent dans un accord ouvert de E. L'exemple 2 mélange un accord de E ouvert avec des accords barrés pour produire une suite d'accords propres à cette période. Il arrive parfois qu'une progression sonne mieux avec des accords barrés. L'exemple 3 utilise des barrés de cinq et six cordes au lieu d'accords ouverts. Jetez un autre coup d'œil aux progressions d'accords de la leçon 12 et essayez de les jouer avec des accords barrés.

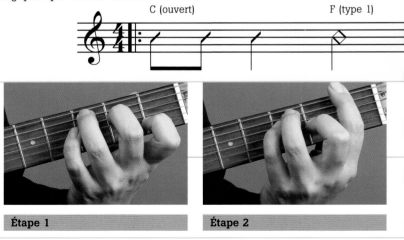

Étape 1

Étape 2

**Exemple 1**

*Essayez de ne pas trop déplacer les doigts c'est-à-dire, lorsque vous passez de C à F, l'index est déjà sur la première case, alors tout ce que vous avez à faire est de le poser à plat. Le majeur se déplace une corde plus haut et l'annulaire ne bouge pas.*

D (ouvert)          G (ouvert)

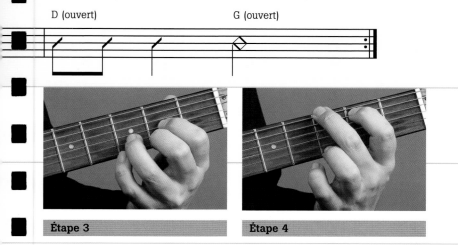

Étape 3          Étape 4

E (ouvert)  A (type 1)

## Exemple 2

*Pour passer rapidement de E à un accord barré, vous devrez changer de doigté. En ne tenant pas compte de l'index et en utilisant le majeur, l'annulaire et l'auricu-laire, vous pouvez sim-plement faire glisser la forme vers le haut du manche, puis ajouter le barré avec l'index.*

**Étape 1**

**Étape 2**

C (type 2)  G (type 1)

## Exemple 3

*Comme cette progres-sion débute par un barré de cinq cordes, rappelez-vous que vous devrez étouffer la sixième corde en la touchant avec l'index (sans produire de son).*

**Étape 1**

**Étape 2**

**Leçons**

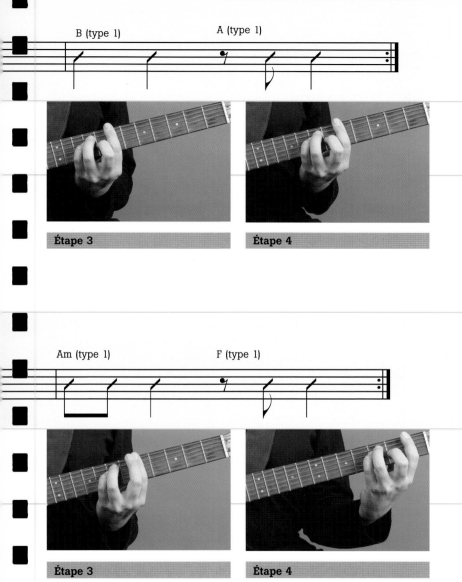

B (type 1)    A (type 1)

**Étape 3**    **Étape 4**

Am (type 1)    F (type 1)

**Étape 3**    **Étape 4**

# Leçon 17
## Techniques d'expression : tirés et liés

L'une des grandes différences entre un pianiste et un guitariste est que le premier produit les notes par mécanisme interposé tandis que le deuxième appuie physiquement sur les cordes pour faire la même chose. Cette façon de faire engendre un grand nombre de techniques d'expression dont le but est de changer la hauteur de la note ou l'attaque. Ces techniques sont les outils dont se servent les guitaristes pour donner une couleur personnelle à leur musique, et elles peuvent transformer un passage quelconque en un excitant morceau de choix.

Le tiré (*bending*) est une technique extrêmement efficace qui permet au guitariste d'imiter l'instrument le plus expressif de tous, la voix humaine. Tirer une corde en la jouant modifie sa hauteur en la rendant plus aiguë ; relâcher la corde la fait revenir à sa hauteur normale. L'articulation (*slurring*) ne change pas la hauteur de la note comme le glissé (slide) le fait, elle change plutôt son attaque. Il y a trois types de liés : le *hammer on,* le *pull-off* et le *slide*. Ces trois techniques ont le même but ultime, changer la façon d'attaquer la note pour produire l'effet coulé du legato. Ces techniques, une fois maîtrisées, feront que vous aurez l'air professionnel et vous aideront à développer votre propre style.

### Exemple 1

*Comme la note sur laquelle vous commencez le tiré n'a pas de valeur rythmique, vous la jouez tout simplement et la poussez vers le haut immédiatement jusqu'à la hauteur entre parenthèses. Pour tirer vers le bas, ne pincez pas une autre fois la note, mais relâchez-la pour qu'elle reprenne sa hauteur normale. Utilisez l'index pour le glissé (slide) final (gardez une pression constante pendant le slide).*

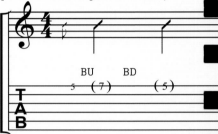

### Étape 1

*Utilisez trois doigts pour les deux tirés de cet exemple. L'annulaire joue la note (cinquième case), en fait l'index et le majeur ne font que donner un coup de main.*

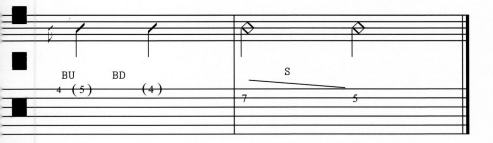

## Légende

**Indication de tiré** (*bend*) : le premier chiffre est la case sur laquelle vous exécutez le tiré ; le chiffre entre parenthèses est la hauteur du son jusqu'où il faut tirer.

5 (7)

**Indication de lié** (*slur*) : lorsque la courbe lie deux notes de hauteur différente, jouez la note la plus haute à l'aide d'un *hammer-on* et la note la plus basse à l'aide d'un *pull-off*. Seule la première note est pincée.

**Indication de glissé** (*slide*) : faites glisser le doigt vers le haut ou vers le bas jusqu'à la note suivante sans la pincer de nouveau. Comme pour le *hammer-on* ou le *pull-off*, ne pincez que la première note.

### Étape 2

Pour exécuter un tiré jusqu'à la hauteur recherchée sur la septième case, vous devez pousser la corde vers le haut comme dans l'illustration.

### Étape 3

Déplacez l'index vers le haut jusqu'à la septième case (deuxième corde) dans la dernière mesure. Pincez la note et ramenez le doigt vers la cinquième case en le faisant glisser (ne levez pas le doigt de la corde).

### Exemple 2

*Pour jouer un* pull-off *vers une note plus basse, faites basculer le doigt légèrement de côté pour faire sonner la deuxième note (sans la pincer). Pour jouer un* hammer-on *vers une note plus aiguë, ne jouez que la première note. Le son de la seconde note n'est généré que par l'impact du doigt heurtant la touche (d'où le nom de la technique).*

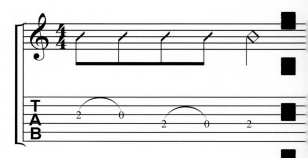

**Étape 1**

*Faites basculer le doigt de côté en direction de la quatrième corde pour produire le premier* pull-off.

**Étape 2**

*Jouez la troisième corde à la frette pour vous préparer au* pull-off *de la corde à vide.*

Leçons

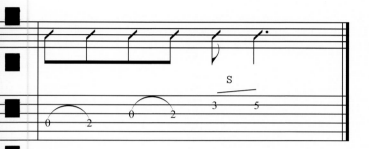

**Étape 3**

*Au moment de pincer la première note de la seconde mesure, le majeur devrait être dans la position du hammer-on.*

**Étape 4**

*Jouez la deuxième corde à la frette avec l'annulaire, pincez-la et glissez jusqu'à la cinquième case (sans relâcher la pression dans la main gauche).*

### Exemple 3

*La flèche sous la première note indique un tiré d'un quart de ton. Il devrait être exécuté avec l'index (vous n'aurez besoin que de tirer la corde très légèrement). Vous pouvez alors jouer la note de la cinquième case à l'aide de l'annulaire et le glissé suivant avec le majeur.*

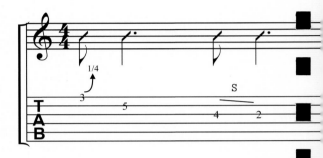

| **Étape 1** | **Étape 2** |
|---|---|
| *Après avoir joué la première note, poussez légèrement la corde vers le haut en direction de la deuxième corde pour produire un tiré d'un quart de ton.* | *Le glissé de la première mesure est exécuté avec le majeur (ce qui permet de libérer l'annulaire pour la prochaine note).* |

Leçons

### Petit conseil

Les tirés exigent beaucoup de force dans les doigts. Par conséquent, exécutez-les avec trois doigts, l'annulaire produisant la note. Vérifiez toujours la hauteur du son que vous désirez atteindre en le jouant d'abord, c'est-à-dire jouez la note entre parenthèses avant d'exécuter le tiré.

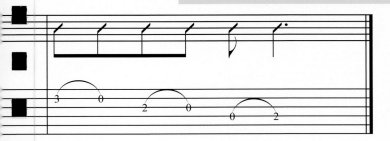

#### Étape 3

*Le premier* pull-off *est joué avec l'annulaire. N'oubliez pas de faire culbuter le doigt de côté au moment de soulever la corde.*

#### Étape 4

*Assurez-vous que le majeur est dans la position du* hammer-on *au moment de jouer la dernière note.*

# Leçon 18
## Trois accords de septième
## de dominante

Il est temps maintenant de faire connaissance avec un membre très important de la famille des accords : la septième de dominante. L'accord de septième (comme on l'appelle généralement) comporte une dissonance (une instabilité en terme musical) qui en fait un accord en mouvement. L'accord de septième crée une tension qui génère à son tour un mouvement harmonique. Traditionnellement, la septième de dominante a été utilisée comme accord de V7 (se reporter à la leçon 6, là où l'on parle des accords de I–IV–V du *three-chord trick*), qui se résolvait dans l'accord de I quand il fallait libérer la tension harmonique. La grande influence qu'exercent le jazz et le blues, dont des suites entières d'accords sont souvent composées d'accords de septième, a fait que notre oreille accepte maintenant l'accord de septième comme accord tonique (ou de I). Aucun guitariste de blues qui se respecte n'utiliserait un simple accord majeur là où un accord de septième fonctionnerait. Mais même si vous n'aimez pas le blues, l'accord de septième de dominante est employé dans tous les styles de musique contemporaine, par conséquent vous devrez faire sa connaissance.

**Petit conseil**

Tous ces accords de septième comportent une corde à vide ou davantage, lesquelles rehaussent leur qualité. Par conséquent, assurez-vous que toutes les cordes à vide sonnent clairement en jouant chacune d'elle.

Leçons

## E7

La version de base de cet accord n'est rien d'autre qu'un accord de E majeur sans recours à l'annulaire. Cependant, la plupart des guitaristes ajoutent l'auriculaire (entre parenthèses) parce que cela donne beaucoup plus de caractère à l'accord de septième.

## A7

Assurez-vous de ne pas amortir les cordes à vide dans cette forme. Vérifiez que les notes sonnent bien en les pinçant l'une après l'autre. Rappelez-vous que le bout des doigts doit être à 90 degrés par rapport au manche.

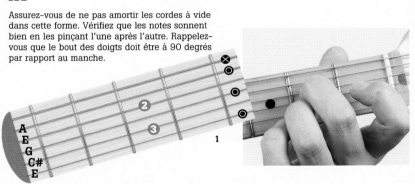

## B7

Essayez de ne pas inclure la sixième corde. C'est une note dissonante, elle n'impressionnera personne. Placez le majeur près de la sixième corde, il pourra ainsi la toucher légèrement et donc l'amortir.

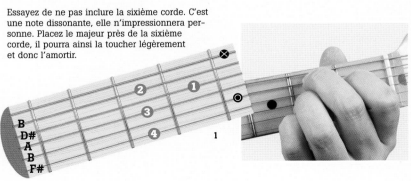

# Leçon 19
## Va pour un rock'n'roll !

Quand le rock'n'roll est né de la rencontre du jazz, du blues et du country au début des années 1950, les pionniers du rock que sont Bo Diddley et Chuck Berry utilisaient souvent un simple *riff* au lieu d'un accord de septième. À l'époque, on y a probablement vu une tentative de simplification puisque les *riffs* utilisés ne comportaient pas de tierce et par conséquent n'étaient ni majeurs ni mineurs. Quoi qu'il en soit, le *riff* caractéristique du rock'n'roll est toujours à l'honneur de nos jours (Statu Quo, des rockeurs des années 1970, lui doivent toute leur carrière) et il a aussi été l'ancêtre de l'accord de puissance que nous examinerons à la leçon 27. Bien que le *riff* soit fondé sur un motif rythmique de croches, le *picking* de type aller-retour ne semble pas aussi bien lui convenir qu'un *down-pick* (coups de plectre vers le bas) régulier dont le résultat sonore est beaucoup plus dynamique, énergique et authentique. Ce n'est qu'une des nombreuses techniques stylistiques du rock des années 1950, par ailleurs, toujours présente aujourd'hui dans les styles à base de punk, de rock et de *heavy metal,* ce qui confirme combien cette période fut importante pour l'évolution de la musique populaire, et combien la popularité et la domination de la guitare électrique ne sauraient s'estomper.

### Exemple 1

*Employez l'index pour la note de la deuxième case. Vous devriez alors être en mesure de jouer la note de la quatrième case avec l'annulaire. Il est important que les deux cordes soient pincées simultanément.*

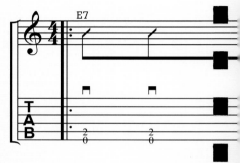

**Étape 1**

*Tandis que l'index appuie sur la cinquième corde, l'annulaire devrait se trouver au-dessus de la cinquième case prêt à jouer les deux prochaines notes. Jouez l'accord avec un down-pick.*

Leçons

## Petit conseil

Vous pouvez changer radicalement le son de ce *riff* en l'étouffant avec la paume de la main droite. Déposez légèrement la partie charnue de la paume sur le chevalet de la guitare, là où les cordes graves se rejoignent. En changeant légèrement la position de la main, vous pouvez augmenter ou diminuer l'effet.

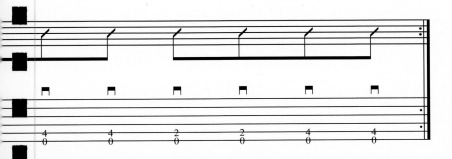

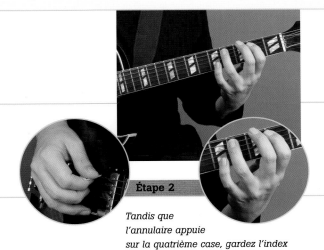

### Étape 2

*Tandis que l'annulaire appuie sur la quatrième case, gardez l'index en position sur la seconde case. Il faut jouer plectre vers le bas tout au long.*

## Exemple 2

*Utilisez exactement le même doigté que dans l'exemple précédent, mais faites attention, en pinçant les cordes, de ne pas jouer la sixième à vide, qui ne doit pas l'être.*

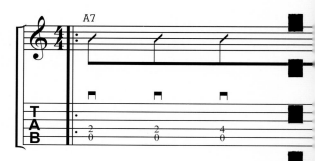

### Étape 1

*Pour ce riff, tout l'accord est monté d'une corde. Jouez la quatrième corde à la frette avec l'index et pincez simultanément la cinquième corde à vide.*

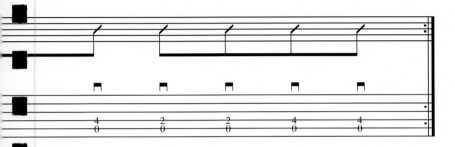

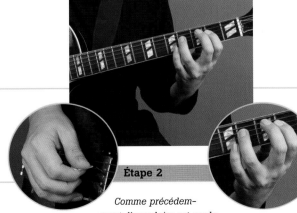

**Étape 2**

*Comme précédem-
ment, l'annulaire est sur la
quatrième case tandis que l'index
demeure en position. Pour éviter de heur-
ter la sixième corde à vide, procédez par
petits coups de plectre vers le bas.*

### Exemple 3

*Il s'agit de la version barrée des deux riffs précédents, qu'on peut la jouer n'importe où sur le manche, comme les accords barrés de la leçon 15. Si vous trouvez l'écartement des doigts difficile, essayez de la jouer plus haut sur le manche.*

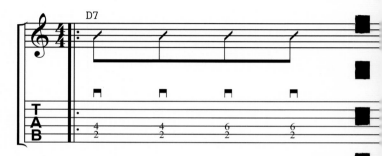

**Étape 1**

*Posez l'index à plat sur les cordes à la hauteur de la deuxième case. Il sera ainsi plus facile de jouer la quatrième case avec le majeur.*

### Sur le CD : pistes 23-28

Les trois *riffs* y sont joués deux fois, la deuxième avec
un *shuffle groove*. Jouer un *shuffle groove* fait appel
à l'instinct. Il n'y a pas de notation, et grosso *modo*
il s'agit de jouer les croches en *swing* comme les
musiciens de jazz le font. Écoutez le CD et voyez
si vous pouvez jouez les *riffs* des deux façons.

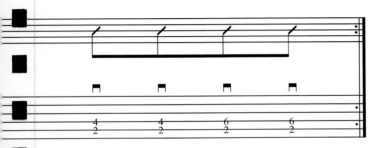

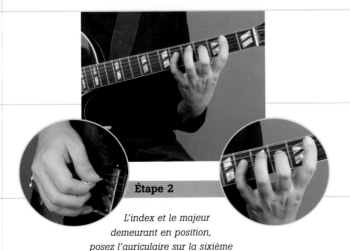

### Étape 2

*L'index et le majeur
demeurant en position,
posez l'auriculaire sur la sixième
case. Encore une fois, allez-y plectre
vers le bas.*

# Leçon 20
## Blues en E de 12 mesures

Les douze mesures du blues sont peut-être la progression d'accords la plus omniprésente dans la musique occidentale. Bien que ses racines soient bien ancrées dans la tradition blues, cette suite d'accords a été «prélevée» et employée dans à peu près tous les autres genres de musique contemporaine, du jazz au pop. Pour la plupart des guitaristes, c'est la première suite d'accords qu'ils ont apprise (certains n'en ont jamais appris d'autres) et il ne se trouve pas un musicien professionnel qui évite de l'utiliser; tout groupe qui se respecte et qui fonctionne connaît au moins une dizaine d'airs de rock'n'roll de 12 mesures. Elvis Presly s'est servi de ce véhicule harmonique pour lancer sa carrière. Les Beatles l'ont utilisé, tout comme les Rolling Stones, Jimi Hendrix et Led Zeppelin. Elle fait partie des éléments constituants de la grande fresque qu'est la musique contemporaine. L'exemple 1 illustre la progression d'accords de base. Les chiffres romains, ci-contre, vous aideront à transposer cette suite dans d'autres tons plus tard, tandis que l'exemple 2 est une mélodie complète en 12 mesures. Vous pouvez utiliser les accords de septième de la leçon 18 (en pincé ou en gratté) ou le *riff* de rock'n'roll de la leçon 19 en guise d'accompagnement.

### Exemple 1
*C'est la traditionnelle suite blues de douze mesures. L'usage des chiffres romains et des symboles d'accords rend plus facile la transposition dans d'autres tons.*

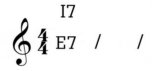

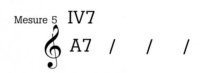

**Degrés des accords
en chiffres romains**

I7 = septième de dominante en position
fondamentale

IV7 = septième de dominante
sur le quatrième degré

V7 = septième de dominante sur le cinquième degré (montez de 7 frettes
à partir de la tonique)

/ | / / / / | / / / / | / / / / |

I7
| / / / / | E7 / / / | / / / / |

IV7                  I7                            V7
| A7 / / / | E7 / / / | / / B7 / ‖

## Exemple 2
## Mesures 1–4

*La main devrait être à la première position de manière que l'annulaire joue la première note (sous forme de tiré légèrement aigu). Le signe indiquant le lié slur signifie que vous pincez seulement la première note et que vous utilisez un* hammer-on *pour la deuxième, si elle est plus aiguë, ou un* pulloff *si elle est plus grave.*

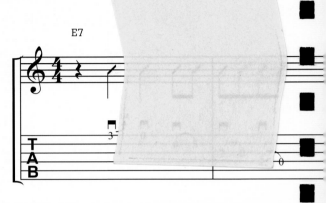

**Étape 1**

*Jouez la première corde à la frette avec l'annulaire et poussez-la vers le haut pour produire un tiré d'un quart de ton.*

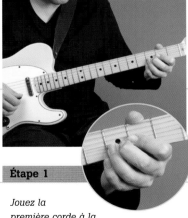

**Étape 2**

*Au moment où vous pincez la seconde corde sur le quatrième temps, l'annulaire devrait être prêt à effectuer un* hammer-on *sur la prochaine note.*

**Leçons**

## Petit conseil

Tous les musiciens utilisent le chiffrage romain pour décrire les suites d'accords, ce qui facilite leur transposition dans d'autres tons. On le fait généralement pour les chanteurs ou la section des cuivres (saxophone ou trompette), ou parfois simplement parce que ça sonne mieux dans une autre tonalité.

E7

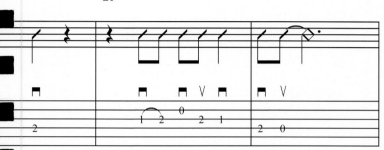

### Étape 3

*Employez le majeur pour les deux* pull-off *de la seconde mesure.*

### Étape 4

*Le* hammer-on *de la troisième mesure commence sur une note jouée à la frette. Assurez-vous de garder l'index en position au moment d'exécuter le* hammer-on *sur la deuxième.*

## Mesures 5–8

*À la fin de la septième mesure, tournez l'annulaire légèrement pour qu'il touche à peine le E ouvert au moment de pincer le D sur la corde du dessous (si les deux notes sonnent ensemble, ce peut être désagréable).*

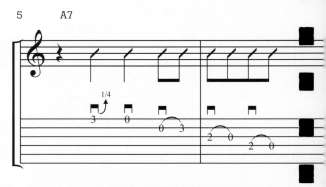

### Étape 5

*Utilisez l'annulaire pour le tiré d'un quart de ton au début de la cinquième mesure.*

### Étape 6

*Encore une fois, assurez-vous que l'annulaire est au-dessus de la troisième case au moment où vous pincez la deuxième corde à vide sur le quatrième temps (cinquième mesure).*

E7

**Étape 7**

N'oubliez pas de garder l'index en position au moment de jouer le hammer-on de la septième mesure.

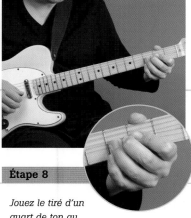

**Étape 8**

Jouez le tiré d'un quart de ton au début de la cinquième mesure en jouant la note avec l'annulaire, puis en poussant celui-ci vers le haut.

## Mesures 9-12

*La première note de la neuvième mesure devrait être jouée avec le majeur, ce qui libérera l'annulaire pour le tiré exécuté sur la deuxième corde. N'oubliez pas que les* pull-offs *sonnent avec plus de force quand vous tournez le doigt de côté au moment de relâcher la corde.*

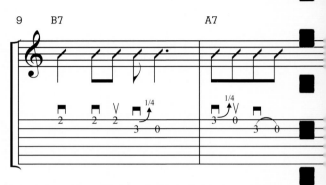

### Étape 9

*Pour la première note de la neuvième mesure, utilisez le majeur.*

### Étape 10

*Le tiré d'un quart de ton de la neuvième mesure devrait être joué avec l'annulaire.*

Leçons

## Sur le CD : piste 29

L'exemple 2 se trouve sur le CD. La mélodie est panoramisée à gauche et l'accompagnement à droite. En
réglant la balance de votre lecteur CD, vous pourrez
pratiquer l'une ou l'autre des parties avec le CD.

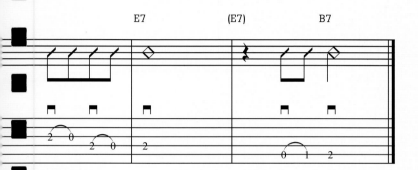

**Étape 11**

*Jouez le premier*
pull-off *de la dixiè-*
*me mesure avec l'annulaire. N'oubliez*
*pas que tourner votre doigt de côté*
*donne plus de force à votre* pull-off.

**Étape 12**

*En jouant la cin-*
*quième corde à vide*
*de la dernière mesure, assurez-vous*
*que l'index et le majeur sont en*
*position au-dessus des deux der-*
*nières notes.*

# Leçon 21
## Pure improvisation : *licks* de blues

Il est très amusant de jouer des progressions de blues en solo et elles sont populaires auprès des adeptes de *jam sessions*. Mais improviser peut s'avérer une tâche complexe si vous ne l'avez jamais fait avant. Quoi jouer ? Comment trouver les notes ? L'idéal est de commencer par apprendre quelques *licks*. Les *licks* font partie du langage utilisé en improvisation. Lorsque vous parlez, vous utilisez des mots communs, des expressions familières et des idiotismes pour vous faire comprendre. Les *licks* fonctionnent de la même manière à bien des égards. Un musicien habile pourra mélanger gammes, arpèges, inspiration spontanée et créer un solo génial. La plupart des guitaristes transcrivent les *licks* de leurs musiciens préférés. C'est une partie importante de l'apprentissage qui vous aidera aussi à développer votre oreille. Pourquoi ne pas mettre votre lecteur CD sur pause la prochaine fois que vous écouterez votre guitariste préféré exécuter un solo et ne pasessayer de reproduire quelques notes ?

### Exemple 1

*Ce lick, façon Eric Clapton, est entièrement fondé sur la gamme pentatonique de Em. La dernière note devrait être jouée staccato. Abrégez la note en touchant légèrement la troisième corde avec l'index ou le majeur.*

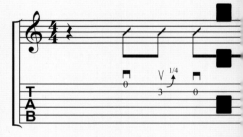

#### Étape 1

*Jouez le tiré d'un quart de ton en poussant légèrement la corde vers le haut avec l'annulaire. Jouez la note, plectre vers le haut, tel que l'indique la photo.*

## Le signe du staccato

Un point directement sous une note ou au-dessus indique que sa durée doit être abrégée (staccato). Vous pouvez arrêtez une corde à vide de sonner en l'amortissant avec la main gauche, ou abréger une note en relâchant la pression du doigt.

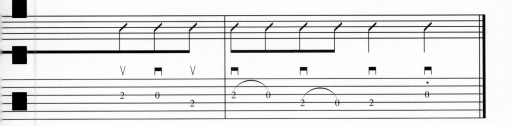

### Étape 2

*Pour jouer la première note de la deuxième mesure, utilisez le majeur. Tourner légèrement le doigt de côté lorsque vous le retirez de la corde produira la note de la corde à vide.*

## Exemple 2

*Le grand et regretté Stevie Ray Vaughan a inspiré ce lick, basé sur la gamme pentatonique de Em.*
*La quatrième note de la deuxième mesure est empruntée à la gamme blues (mineure pentatonique avec ajout d'une quinte abaissée).*

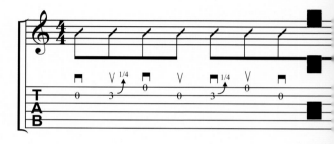

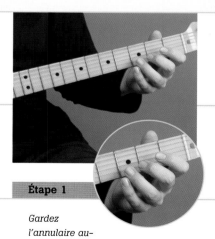

**Étape 1**

*Gardez l'annulaire au-dessus de la troisième case de la deuxième corde au moment de jouer la première note. Cette position vous permettra de vous déplacer rapidement vers le tiré d'un quart de ton suivant.*

**Étape 2**

*Jouez la note avec l'annulaire et poussez la deuxième corde vers le haut. Parce que ce tiré tombe à contretemps, il devrait être joué plectre vers le haut.*

## Petit conseil

Ces *licks* peuvent se jouer sur tous les accords d'une progression blues en E (E7, A7 et B7). Une fois le tout rassemblé, essayez de jouer avec la piste d'accompagnement du chapitre précédent. Vous pouvez y aller de votre propre inspiration en utilisant la gamme pentatonique mineure de la leçon 13.

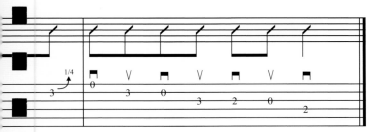

### Étape 3

*Garder l'annulaire au-dessus de la deuxième corde quand vous jouerez la première corde à vide au début de la seconde mesure.*

### Étape 4

*Au moment de jouer la note de la troisième case sur la troisième corde, placez le majeur au-dessus de la deuxième case prêt à jouer la note suivante.*

### Exemple 3

*Ce* lick *classique à la BB King joué plus haut sur le manche, à la cinquième position, offre une combinaison de notes de la gamme majeure et de la gamme pentatonique mineure. Prenez trois doigts pour le tiré de la deuxième mesure et abrégez la note en relâchant la pression de l'annulaire.*

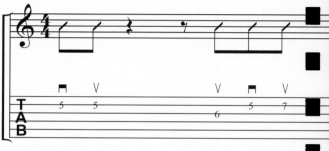

**Étape 1**

*Ce* lick *est joué à la cinquième position avec l'index sur la cinquième case de la deuxième corde. Remarquez comme le majeur est au-dessus de la note qu'il s'apprête à jouer.*

**Étape 2**

*Le majeur joue la note de la sixième case de la troisième corde. Parce qu'elle tombe à contretemps, jouez-la plectre vers le haut.*

## Sur le CD : pistes 30-32

Ces trois *licks* se trouvent sur le CD à
90 bpm. Essayez de taper avec le CD
en lisant la tablature avant d'essayer
de les jouer.

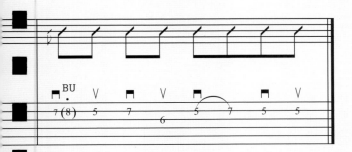

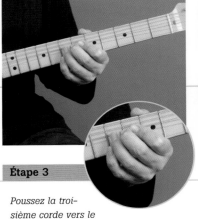

**Étape 3**

*Poussez la troi-
sième corde vers le
haut avec l'annulaire pour exécuter
le tiré d'un demi-ton au début de la
seconde mesure.*

**Étape 4**

*Le hammer-on de
la deuxième mesure
se situe entre deux notes jouées à la
frette. Avant de pincer la première
note, assurez-vous d'avoir l'annulaire
au-dessus de la septième case.*

# Leçon 22
## La gamme majeure, reine de l'harmonie

La gamme majeure est la base sur laquelle toute l'harmonie est construite ; c'est la clé pour comprendre comment les gammes, les accords et les arpèges sont construits. Les intervalles que comporte cette gamme sont tous majeurs ou parfaits. Par conséquent, lorsqu'elle est représentée numériquement (1-2-3-4-5-6-7-octave), il n'y a pas de bémol ou de dièse en avant des degrés de la gamme (comme le b3 dans la gamme pentatonique mineure). La combinaison ton (deux cases) demi-ton (une case) demeure constante quelle que soit la note sur laquelle vous commencez la gamme, avec le demi-ton tombant toujours entre le troisième et le quatrième degrés, et le septième et l'octave. Les accords majeur et mineur ainsi que la très importante cadence parfaite V–I font partie de la gamme. En fait, les propriétés harmoniques uniques de cette gamme lui confèrent le titre légitime de reine de l'harmonie.

**Exemple 1**

*Cette gamme d'une octave se joue à la première position, par conséquent vous commencez avec l'annulaire et utilisez l'auriculaire pour le F# sur la quatrième corde. Vous trouverez peut-être difficile de vous servir du petit doigt au début, mais avec de l'entraînement, cela vous semblera bientôt facile.*

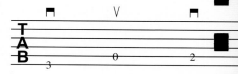

**Étape 1**

*Commencez la gamme avec l'annulaire sur la note la plus grave. Elle devrait être jouée plectre vers le bas.*

### Petit conseil

Les tablatures ne présentent que les gammes ascendantes, mais vous devriez les pratiquer de façon ascendante et descendante sans répéter la dernière note.

```
      V           ⊓           V           ⊓           V
─────────────────────────────────────────────────────────────┃
─────────────────────────────────────────────────────────────┃
──────────────────────────────────────────────────0──────────┃
──────────────0───────────2───────────4──────────────────────┃
────3─────────────────────────────────────────────────────────┃
─────────────────────────────────────────────────────────────┃
```

**Étape 2**

*La quatrième note est aussi jouée avec l'annulaire, cette fois sur la cinquième corde. Notez qu'elle devrait être jouée plectre vers le haut.*

**Étape 3**

*L'avant-dernière note est jouée sur la quatrième case de la quatrième corde. Jouez la note avec l'auriculaire, plectre vers le bas.*

## Exemple 2

*La gamme majeure formée de deux*
*octaves ajoute l'octave supérieure*
*à l'exemple précédent. Quand vous*
*pourrez la jouer facilement et sans*
*pause, ajouter le picking aller-retour*
*tel qu'indiqué.*

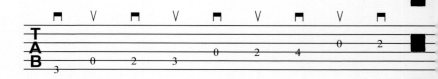

**Étape 1**

*La gamme majeure*
*de deux octaves com-*
*mence aussi avec l'annulaire sur la*
*note la plus grave. Encore une fois,*
*jouez plectre vers le bas.*

**Étape 2**

*Pour jouer la note*
*de la troisième case*
*sur la cinquième corde, utilisez*
*l'annulaire, plectre vers le haut.*

## Construction de la gamme

T = ton (2 frettes)

D = demi-ton (1 frette)

1 — 2 — 3 — 4 — 5 — 6 — 7 — Oct
 T  T  D  T  T  T  D

## Intervalles

1 = tonique ou fondamentale

2 = seconde majeure

3 = tierce majeure

4 = quarte juste

5 = quinte juste

6 = sixte majeure

7 = septième majeure

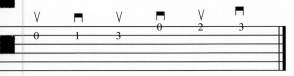

### Étape 3

*Jouez la deuxième corde à vide* plectre vers le haut. Au moment de jouer la note, l'index et l'annulaire devraient se trouver au-dessus de leurs cases respectives tel qu'illustré.

### Étape 4

*La note la plus aiguë est jouée sur* la troisième case de la première corde, plectre vers le bas.

# Leçon 23
## Vite fait, bien fait : mélodies en mode majeur

La gamme majeure est la plus mélodique de toutes et constitue un réservoir inépuisable de notes pour composer des mélodies peu importe le genre musical, de la chanson populaire à la symphonie complète. Durant ce que plusieurs considèrent comme l'âge d'or des compositeurs de chansons, c'est-à-dire les années 1930 et 1940, les auteurs classiques américains (Cole Porter, Rodgers and Hart, Duke Ellington, etc.) ont souvent harmonisé leurs mélodies basées sur des gammes majeures avec des accords non diatoniques (ce sont des accords qui comprennent des notes qu'on ne trouve pas dans la gamme). Ils se sont aperçus que la gamme majeure produit une mélodie d'une telle force qu'elle résiste à un peu de discordance. Les trois mélodies suivantes n'ont que quatre mesures chacune, mais elles illustrent bien, nous l'espérons, à quel point la gamme majeure peut être un outil mélodique efficace.

**Exemple 1**

*Parce que cet air commence avec une anacrouse, la première note devrait être jouée plectre vers le haut. Notez que ce motif se répète à la fin de la seconde mesure.*

Gone Fishing (Phil Capone)

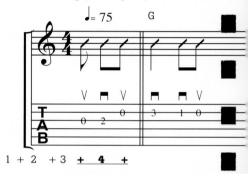

**Étape 1**

*La première note est jouée correctement plectre vers le haut et majeur au-dessus de la deuxième case, prêt à jouer la prochaine note.*

Leçons

## Anacrouse

On utilise une anacrouse quand une mélodie commence avant la première mesure. L'air précède l'accompagnement en commençant pendant le compte (dans ce cas-ci, sur le « et » du troisième temps).

comptez : 1+2+3 **+ 4 +**

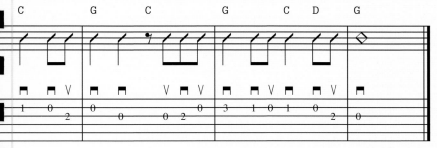

### Étape 2

*La troisième note de la première mesure est la deuxième corde à vide qui devrait être jouée plectre vers le haut. Notez comme l'index demeure juste au-dessus de la première case, prêt à jouer la note suivante.*

### Étape 3

*La seconde moitié de l'air (deuxième mesure, troisième note) commence sur la troisième corde à vide, plectre vers le haut. Le majeur est aussi au-dessus de la deuxième case, prêt à jouer la note suivante.*

## Exemple 2

*Vous devez jouer les F# de la première et
de la troisième mesure sur la quatrième
corde, avec l'auriculaire. Essayez de garder
les doigts le plus près possible de la touche
et des notes qu'ils vont jouer (ça demande
de l'entraînement).*

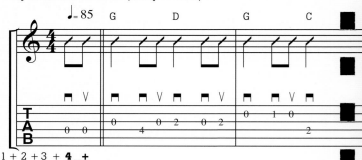

My Grandfather's Clock (Henry C. Work)

**Étape 1**

*Cette illustration
montre qu'on s'apprête
à pincer la troisième corde à vide plectre vers le bas et que l'auriculaire est
en position au-dessus de la quatrième
case, prêt à jouer la prochaine note.*

**Étape 2**

*Jouez la troisième
note (deuxième corde
à vide) de la deuxième mesure plectre vers le haut. Le majeur devrait
aussi être au-dessus de la troisième
corde, prêt à jouer la note suivante.*

Leçons

### Tirez le maximum de vos exercices

N'oubliez pas qu'il est beaucoup plus difficile de réapprendre quelque chose une fois que vous l'avez appris de la mauvaise façon. Par conséquent, prenez votre temps, commencez lentement et tapez le rythme en même temps que le CD (tout en lisant la tablature) avant de commencer à jouer.

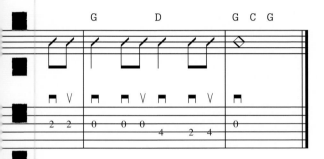

### Étape 3

*Pour vous déplacer avec souplesse entre les notes de la deuxième case de la troisième et de la quatrième corde, gardez le doigt à plat et «roulez-le» sur les notes pour les faire sonner séparément.*

### Étape 4

*Pendant que vous jouez l'avant-dernière note de la troisième mesure avec le majeur, l'auriculaire devrait demeurer au-dessus de la quatrième case.*

## Exemple 3

*Le pull-off de l'anacrouse ne fonction-*
*nera pas à moins que vous ne pinciez*
*les deux notes avant de l'exécuter.*
*Cela vous semblera étrange au début,*
*mais deviendra une seconde nature*
*avec l'entraînement.*

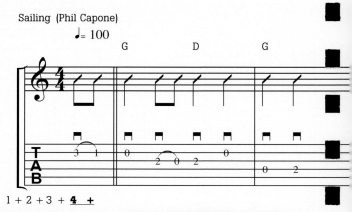

Sailing (Phil Capone)

♩= 100

1 + 2 + 3 + **4** **+**

### Étape 1

*Pour jouer effica-*
*cement le pull-off*
*d'ouverture, vous devrez pincer les deux*
*notes simultanément en retirant l'annu-*
*laire que vous ferez culbuter de côté.*

### Étape 2

*Gardez le ma-*
*jeur au-dessus de*
*la troisième corde pendant que*
*vous jouez le pull-off de la première*
*mesure (ce qui vous permettra de*
*retourner rapidement à la note jouée*
*à la frette).*

**Leçons**

### Sur le CD : pistes 33-35

Chacun des airs se trouve sur le CD avec l'accompagnement.
Comme pour le blues de la leçon 20, la guitare rythmique
est panoramisée à droite et la mélodie à gauche. En réglant
la balance de votre lecteur CD, vous pourrez jouer avec
l'accompagnement seulement.

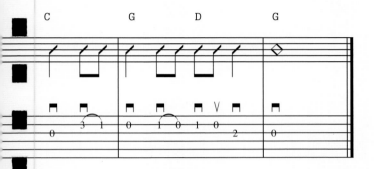

**Étape 3**

*Le* pull-off *de la
troisième case se
répète à la fin de la deuxième
mesure. Assurez-vous que les deux
doigts sont en position avant de
pincer la première note.*

**Étape 4**

*Jouez la deuxième
corde à vide plectre
vers le haut à la fin de la troisième
mesure. Les doigts devraient être
aussi au-dessus de la deuxième case,
prêts à jouer la prochaine note.*

# Leçon 24
## Relativement parlant : la gamme mineure naturelle

Le tonalité mineure est plus complexe que la tonalité majeure parce qu'il n'y a pas de gamme mineure universelle. Il existe, en fait, plusieurs gammes mineures différentes. Chaque tonalité majeure partage son armature avec une tonalité mineure, appelée mineure relative. Comme la gamme mineure naturelle (mode éolien) utilise exactement les même notes que sa relative majeure (ce n'est pas le cas des autres gammes mineures), il est logique de l'apprendre en premier. Pour trouver la mineure relative d'une tonalité majeure, vous n'avez qu'à descendre d'une tierce mineure au-dessous de la tonique majeure (trois cases). La mineure relative de G majeur est E mineur. Si nous prenons les notes de la gamme de G majeur (G-A-B-C-D-E-F#) mais commençons à E, nous obtenons une structure d'intervalles bien différente : 1-2-b3-4-5-b6-b7-octave. La tonalité mineure est assurée par la tierce abaissée, tandis que la sixte et la septième abaissées rehaussent le caractère modal sombre de cette gamme.

### Exemple 1

*La mineure naturelle d'une octave utilise le même motif de trois notes sur la sixième et la cinquième corde. Pour les notes de la deuxième case, utilisez le majeur, pour celles de la troisième case, utilisez l'annulaire*

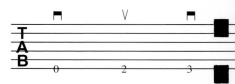

**Étape 1**

*Tandis que vous jouez la première note, déplacez le majeur au-dessus de la deuxième case pour jouer la note suivante.*

## Petit conseil

N'oubliez pas de répéter cette gamme dans ses formes ascendante et descendante (sans répéter la note la plus aiguë). Les deux gammes devraient commencer et finir plectre vers le bas si vous jouez en *alternate picking* tout au long.

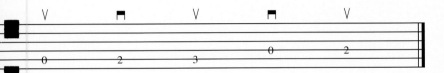

### Étape 2

*La cinquième corde à vide devrait être jouée plectre vers le haut. Notez aussi que les doigts sont déjà en position, prêts à jouer les deux autres notes.*

### Étape 3

*La dernière note est jouée avec le majeur plectre vers le haut.*

**Exemple 2**

*La gamme de deux octaves comprend
le F# sur la quatrième corde, qui
devrait être joué avec l'auriculaire.
Une fois le bon doigté maîtrisé,
rejouez-la en alternate picking.*

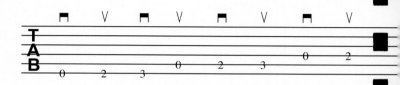

**Étape 1**

*Essayez de
commencer la
gamme avec le majeur et l'annulaire
en position au-dessus de leur cases
respectives. Ce truc vous permettra
d'atteindre rapidement la dextérité
des professionnels.*

**Étape 2**

*Tandis que vous
jouez la deuxième
case de la quatrième corde, essayez
de gardez l'auriculaire aussi près
que possible de la touche. Cette
technique va augmenter la vitesse
du changement de note et rendre
la transition plus souple.*

**Leçons**

## Construction de la gamme

T = ton (2 frettes)

D = demi-ton (1 frette)

1 — 2 — ♭3 — 4 — 5 — ♭6 — ♭7 — Oct

T   T   D   T   T   T   D

## Intervalles

| | | |
|---|---|---|
| 1 | = | tonique ou fondamentale |
| 2 | = | seconde majeure |
| ♭3 | = | tierce mineure |
| 4 | = | quarte juste |
| 5 | = | quinte juste |
| ♭6 | = | sixte mineure |
| ♭7 | = | septième mineure |

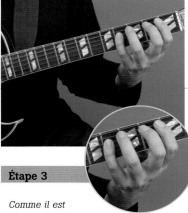

### Étape 3

*Comme il est difficile de produire la note avec l'auriculaire à 90 degrés, ne vous en faites pas trop s'il paraît plus à plat que les autres, comme sur cette illustration.*

### Étape 4

*La deuxième corde ouverte est jouée plectre vers le haut. L'index et l'annulaire devraient aussi être en position au-dessus de la corde.*

# Leçon 25
## Mélodie en mode mineur :
## *House of the Rising Sun*

Les mélodies écrites en mode mineur sont plus mélancoliques et évocatrices que celles écrites en mode majeur. Si vous jouez un accord de E ouvert, puis un autre accord de E mineur tout de suite après, vous comprendrez à quel point l'accord mineur est sombre et triste comparativement à son joyeux et éclatant cousin. Rappelez-vous que la gamme mineure naturelle ajoute aussi la sixte mineure et la septième mineure pour créer une impression de morosité et presque de désolation, ce qui est l'atmosphère idéale pour l'air que vous êtes sur le point d'apprendre. *House of the Rising Sun* est une chanson traditionnelle populaire dont l'auteur est inconnu et qui a été reprise par de nombreux artistes, notamment par The Animals en 1964 qui en ont fait une des meilleures versions. La mélodie et l'accompagnement ont été notés pour que vous puissiez apprendre les deux parties. L'accompagnement peut être joué avec un plectre ou la technique du *fingerstyle*. Il vaut la peine de s'exercer aux deux techniques.

### Exemple 1 : la mélodie
*L'arrangement suivant est une version abrégée du classique populaire original. La célèbre interprétation de* The Animals *était en A mineur ; la présente version a été transposée en E mineur pour pouvoir utiliser au maximum les cordes à vide et des formes faciles d'accords ouverts.*

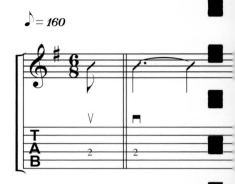

**Étape 1**

*Parce qu'elle commence à contretemps, la première note devrait être jouée plectre vers le haut.*

Leçons

## Petit conseil

$^6/_8$ signifie que chacune des mesures a six temps, mais ne vous énervez pas, $^6/_8$ est un rythme tout à fait naturel. Après avoir écouté le CD plusieurs fois, ça vous semblera évident. La chose importante à vous rappeler est qu'une croche vaut maintenant un temps, et que par conséquent l'anacrouse commence sur le sixième temps.

### Étape 2

Jouez la note de la quatrième case de la quatrième corde à la fin de la première mesure plectre vers le haut et avec l'auriculaire.

### Étape 3

La deuxième corde à vide à la fin de la seconde mesure est aussi jouée plectre vers le haut. Notez comme le majeur est aussi en position au-dessus de la troisième corde, prêt à jouer la prochaine note.

## Petit conseil

Si vous jouez la pièce avec un plectre, utilisez la technique dite «trois vers le bas» et «trois vers le haut» tout au long (ça vous semblera tout à fait naturel une fois que vous vous serez fait la main). Si vous jouez avec la technique du *fingerstyle*, utilisez le système pima indiqué à la première mesure tout au long. Vous n'avez qu'à déplacer le pouce sur la cinquième corde pour les accords de cinq cordes A, C et B7.

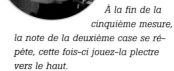

### Étape 4

*Jouez la note de la deuxième case au début de la cinquième mesure avec le majeur, plectre vers le bas tel qu'illustré.*

### Étape 5

*À la fin de la cinquième mesure, la note de la deuxième case se répète, cette fois-ci jouez-la plectre vers le haut.*

Leçons

## À la recherche de la note étrangère

Si vous avez repéré une fausse note dans l'air, très bien !
La première note de la sixième mesure (D#) n'appartient
pas à la gamme mineure naturelle de E. Le septième degré
de la gamme mineure est souvent augmenté d'un demi-
ton pour s'harmoniser à l'accord de septième de dominante qui est B7 dans cette tonalité.

### Étape 6

*La première note
de la sixième me-
sure est jouée avec l'index plectre
vers le bas. Notez comme le majeur
est déjà au-dessus de la cinquième
corde, prêt à jouer la note suivante.*

### Étape 7

*L'avant-dernière
note est sur la qua-
trième case de la quatrième corde et
jouée avec l'auriculaire plectre vers le
haut. Comme précédemment, le majeur doit être en position, prêt à jouer
la dernière note.*

## Exemple 2 : les accords

**1** *La forme inhabituelle de picking dite «trois vers le bas», «trois vers le haut» est utilisée tout au long de l'accompagnement. Évitez seulement de traîner le plectre sur l'ensemble des cordes. Rappelez-vous que la forme de picking constitue aussi un rythme.*

**2** *Pour l'accord de A, un autre doigté est utilisé qui consiste à exécuter un barré avec l'index, ce qui permet de passer d'un accord à l'autre plus rapidement et plus facilement.*

**3** *Lorsque vous passerez de Em à B7 et inversement, gardez le majeur sur la cinquième corde pour accélérer le passage.*

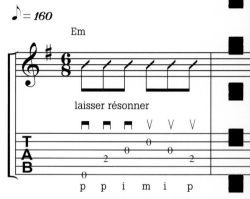

### Étape 1

*Gardez la position d'un accord de Em durant toute la première mesure, plectre vers le bas sur les sixième, quatrième et troisième cordes.*

### Étape 2

*Sautez à la deuxième corde et jouez les trois prochaines cordes plectre vers le haut. Gardez le plectre à 90 degrés par rapport aux cordes tel qu'indiqué.*

**Leçons**

## Laisser résonner

Il est souvent écrit au-dessus de la tablature «laisser résonner» lorsque les notes d'un accord sont à un rythme particulier, comme dans cet exemple. Vous n'avez qu'à tenir la forme d'accord et à jouer les notes tel qu'indiqué dans la tablature.

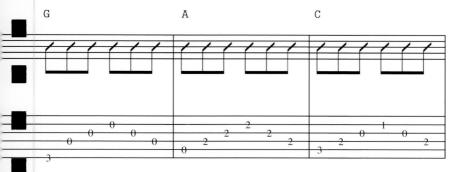

G                          A                          C

**Étape 3**

*Seules les deux notes les plus graves de l'accord de G sont, en fait, jouées à la frette. Avec la même technique de picking, jouez, ensemble, plectre vers le bas, les trois cordes les plus basses, en commençant par la sixième.*

**Étape 4**

*L'accord de A lorsqu'il est barré avec l'index sur la deuxième case. La technique de picking commence maintenant sur la cinquième corde plectre vers le bas.*

## Tirez le maximum de vos exercices

L'accompagnement peut être joué avec un plectre ou en *fingerstyle* (aux doigts), voici une belle occasion de vous exercer au deux techniques avec le CD.

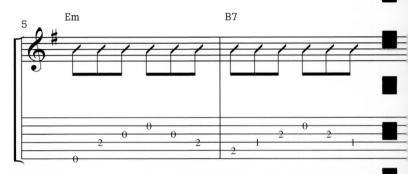

**Étape 5**

*La cinquième mesure est la réplique de la première avec la technique de picking commençant sur la sixième corde.*

**Étape 6**

*Puisque la technique de picking ne tient pas compte de la première corde, vous pouvez jouer une forme simplifiée de B7 et omettre l'auriculaire. Comme pour l'accord de A plus tôt, la technique de picking commence sur la cinquième corde.*

**Leçons**

## Sur le CD : piste 36

L'accompagnement et l'air se trouvent sur le CD, et, comme pour les exercices précédents, l'air est à gauche et l'accompagnement à droite. En réglant la balance de votre lecteur CD, vous pourrez jouer en duo avec l'une ou l'autre des parties.

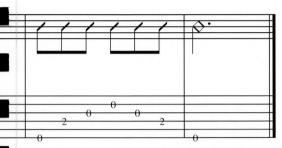

Em

**Étape 7**

*La technique de picking utilisée dans* cette mesure pour l'accord de Em est la même que celle des première et cinquième mesures. Tenez l'accord pour permettre aux notes de sonner clairement.

**Étape 8**

*Avec l'accord de Em soutenu et les notes de la mesure précédente qui sonnent encore, pincez simplement la sixième corde en guise de note finale.*

# Leçon 26
## Sentir le pincement : jouer en double corde

Nous avons abordé la façon de pincer les cordes dans la leçon 11 quand nous avons présenté la technique du *fingerstyle*. Cette fois, nous verrons comment jouer des accompagnements entièrement basés sur les doubles cordes jouées en *fingerstyle* (exemple 1) ou en mélangeant le plectre et les doigts (exemple 2), une technique qu'on appelle *hybrid picking*. Des exemples d'airs célèbres utilisant l'accompagnement aux doigts ? Les Beatles avec *Blackbird* (joué en *fingerstyle* sur guitare acoustique par Paul McCartney), Mauro Giuliani avec *Andante in C* (l'indicatif musical de l'émission canadienne pour enfants «Tales of the Riverbank) et Les Red Hot Chilli Peppers avec *Scar Tissue* (les doubles cordes sont ce qui distingue la technique du guitariste de la formation, John Frusciante). Cet inestimable outil d'accompagnement, dont les exemples ci-dessus vous feront convenir de l'utilité, sonne merveilleusement bien à la guitare acoustique ou électrique.

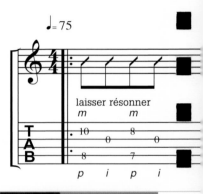

**Étape 1**

*Pour le premier pincement, placez l'index et l'auriculaire sur la touche. La main droite pince les cordes avec le pouce (p) et le majeur (m).*

**Étape 2**

*Le deuxième pincement est exécuté avec l'index et l'annulaire. Comme précédemment, pincez les cordes avec le pouce (p) et le majeur (m).*

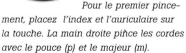

Leçons

## Exemple 1

**1** *La première double corde de cet exercice est de type majeur ; les pincements majeurs s'étendent sur trois cases et devraient être joués avec l'index sur la cinquième corde et l'auriculaire sur la seconde (utilisez ce doigté pour tous les autres pincements majeurs).*
**2** *La deuxième double corde est de type mineur ; gardez l'index sur la cinquième corde mais prenez l'annulaire pour les notes plus aiguës (utilisez ce doigté pour tous les pincements mineurs qui restent).*

### Petit conseil

La technique de *picking* de l'exemple 1 est la même tout au long : le pouce joue toutes les notes de la cinquième corde, le majeur joue les notes de la deuxième corde et l'index joue la G ouverte qui se répète. Le p et la flèche à côté de l'accord de C final indique un balayage des cordes avec le pouce.

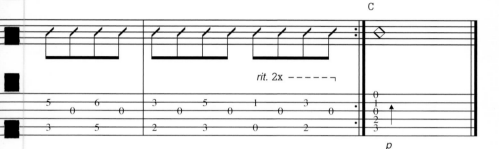

**Étape 3**

*Le pincement de la corde à vide est joué sur la cinquième corde avec l'index jouant la note la plus haute. Pour le pincement, utilisez le pouce (p) et le majeur (m) comme précédemment.*

**Étape 4**

*Il est plus rapide de monter le manche avec le majeur et l'auriculaire pour jouer le pincement suivant. Pour le pincement, utilisez les mêmes doigts (p et m).*

## Ralentissement

L'abréviation «rit.» (*ritenuto* en italien) de la dernière mesure de l'exemple 1 indique qu'on doit ralentir le tempo (2x signifie : à la répétition seulement) à l'approche de l'accord de C final.

### Exemple 2

**1** *Tenez le plectre normalement entre le pouce et l'index, mais étendez le majeur (m) vers l'extérieur de façon qu'il puisse simultanément pincer la deuxième corde pendant que vous jouez la cinquième.*

**2** *L'index devrait être suspendu au-dessus de la première case de la deuxième corde pendant que vous pincez les deux cordes à vide sur le premier temps de la seconde mesure. Cela vous permettra d'exécuter un hammer-on tout en souplesse.*

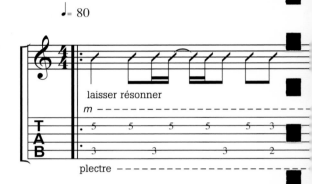

laisser résonner

plectre

**Étape 1**

*Le premier pincement de l'exemple est effectué avec l'index et l'auriculaire. Le plectre frappe la cinquième corde tandis que la deuxième corde est simultanément plaquée par le majeur (m), ce qui produit le pincement.*

**Étape 2**

*Puisque la double corde n'occupe que deux cases, utilisez l'index et l'annulaire pour jouer les notes. Le pincement est joué avec la même combinaison plectre et majeur (m).*

## Tirez le maximum de vos exercices

Bien que l'exemple 1 ait été écrit pour être joué en *fingerstyle* et l'exemple 2 avec le plectre et les doigts, les techniques peuvent être appliquées à l'un ou l'autre des exercices. Ne craignez donc pas d'explorer.

## Sur le CD : pistes 37-40

On peut entendre les deux exemples sur le CD. Chacun d'eux est joué deux fois, d'abord lentement, puis dans le tempo indiqué au-dessus de la tablature.

Am

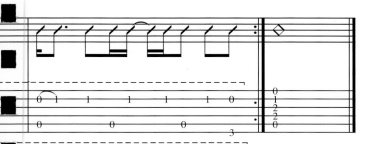

### Étape 3

*Tout de suite après avoir pincé la corde à vide au début de la deuxième mesure, exécutez avec fermeté un* hammer *sur la deuxième corde avec l'index.*

### Étape 4

*Le dernier pincement est constitué d'une note grave sur la sixième corde (jouée avec l'annulaire) et la deuxième corde à vide. Utilisez le plectre pour marteler la note grave tout en plaquant la deuxième corde avec le majeur (m).*

# Leçon 27
## Métalmanie : accords de puissance

Les accords de puissance sont manifestement faits pour la guitare. Si vous demandez à un joueur d'instrument à clavier de vous en jouer un, il vous regardera probablement sans comprendre. L'accord de puissance s'est développé à partir du *riff* rock'n'roll à deux notes expliqué à la leçon 19. Joué aussi parfois en accord de trois sons, le nom de l'accord est toujours suivi du nombre «5». Ainsi, un accord de puissance de C s'écrirait «C5». Quand les guitaristes ont commencé à monter le volume de leur ampli dans les années 1960, ils se sont aperçus que la distorsion faisait mieux sonner certains accords que d'autres. La présence de la tierce dans les accords traditionnels produit une dissonance sous l'effet de la distorsion, alors que les accords sans tierce créent un son merveilleusement monumental lorsque provenant d'un ampli saturé ou d'une guitare électrique branchée sur une pédale de distorsion. Les trois types d'accords de puissance les plus courants sont des formes dont la tonique est sur la quatrième, la cinquième ou la sixième corde, mais il existe aussi des version ouvertes. N'oubliez pas de consulter le répertoire des accords à la fin du livre, vous les y trouverez. Ces accords sont encore largement utilisés de nos jours et sont indispensables à tout guitariste *heavy rock, métal, grunge* ou *punk* qui se respecte.

### Petit conseil

La note la plus grave de chacun des accords de puissance est sa fondamentale. Par conséquent, comme pour les accords barrés de la leçon 15, vous devrez vous assurer de connaître non seulement les notes des cinquième et sixième cordes, mais aussi celles de la quatrième. N'oubliez pas le pratique schéma du manche au début du livre (voir page 10).

### Tirez le maximum de vos exercices

Une fois que ces formes d'accords ne présenteront plus de difficulté, exercez-vous à passer de l'un à l'autre. Vous exercer à monter et à descendre le manche avec la même forme d'accord est aussi une bonne chose. De nombreux *riffs* se servent des accords de cette façon.

### Type 1 : fondamentale
### sur la sixième corde

Le bon angle de l'index vous permettra d'amortir
les cordes à vide non désirées en le déposant
délicatement dessus.

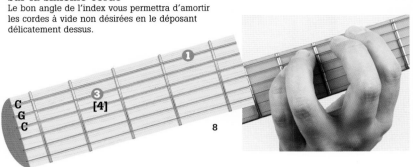

### Type 2 : fondamentale
### sur la cinquième corde

En amortissant les cordes les plus aiguës, comme dans
l'accord précédent, vous pourrez aussi vous servir du
bout de l'index pour étouffer la sixième corde.

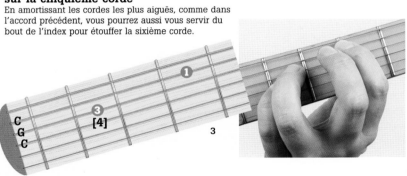

### Type 3 : fondamentale
### sur la quatrième corde

La version à trois notes de cet accord s'étend sur
quatre cases. Assurez-vous d'avoir les doigts le
plus près possible des frettes pour éviter que des
cordes ne soient amorties ou ne sonnent
pas clairement.

# Leçon 28
## Progressions d'accords pentatoniques

Dans les années 1960, les barrières harmoniques ont été transgressées (et plusieurs autres d'ailleurs) et la musique populaire a rompu avec la restrictive harmonie traditionnelle basée sur les gammes majeure et mineure. Il n'y avait pas que les musiciens qui cherchaient de nouvelles voies, des auteurs de chansons dans le coup comme Burt Bacharach et le compositeur brésilien Antonio Carlos Jobim ont aussi joué un rôle-clé dans l'ouverture des frontières de l'harmonie populaire. Certaines suites d'accords agréables à l'oreille aujourd'hui auraient sonné assez étrangement dans les années 1960. Une façon de produire des progressions d'accords exceptionnelles est d'utiliser la gamme pentatonique pour produire un mouvement tonique. Vous pouvez ensuite utiliser n'importe quel type d'accord pour harmoniser la suite, mais les accords majeurs (ou accords de puissance) sont ceux qui fonctionnent généralement le mieux. Il y a quelque chose dans le fait d'opposer des accords majeurs à un motif de gamme mineure qui plaît étrangement à l'oreille.

### Exemple 1
*Les accords majeurs ouverts sont utilisés pour harmoniser un simple mouvement pentatonique de Em.*

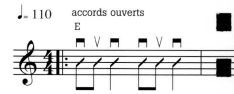

### Exemple 2
*Les accords barrés majeurs (types 1 et 2) sont utilisés pour harmoniser une autre suite pentatonique en E mineur qui descend d'une octave, de l'accord barré de E à l'accord de E ouvert.*

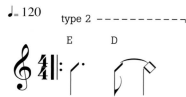

### Exemple 3
*Cette suite commence sur la tierce abaissée de la gamme pentatonique de E mineur, passant d'un accord barré de six cordes (type 1) à un accord barré de cinq cordes (type 2).*

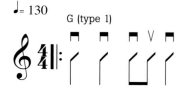

### Tirez le maximum de vos exercices

Une fois que vous pourrez jouer ces suites sans faire d'erreur, vous pourrez les essayer avec les accords de puissance que vous avez appris à la leçon 27.

### Sur le CD : pistes 41-43

Les trois progressions se trouvent sur le CD. Il vaut la peine de taper le rythme avec la version enregistrée avant de les essayer, ce qui vous permettra d'apprendre les suites avec plus de rapidité et d'exactitude.

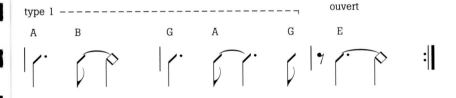

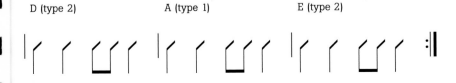

# Leçon 29
## Esclave du rythme : l'amortissement

On peut amortir ou étouffer les cordes pour les empêcher de sonner avec la main droite ou la main gauche, et c'est une inestimable technique pour créer des rythmes syncopés et rehausser votre jeu rythmique. L'amortissement de la main droite suppose simplement de toucher les cordes avec la partie latérale de la main. En touchant les cordes avec un peu plus de force, vous pouvez aussi ajouter des sons par percussion à votre accompagnement. L'amortissement de la main gauche a été étudié à la leçon 4 quand il s'est agi d'étouffer les cordes à vide non désirées, mais la technique peut aussi être utilisée pour amortir les six cordes d'un accord barré, par exemple. En relâchant la pression de la main, vous amortirez l'accord. Gratter les cordes amorties produira alors des rythmes de la nature des percussions. Bo Diddley a été l'un des premiers à utiliser cette technique dans les années 1950 et elle est largement employée aujourd'hui dans de nombreux styles, dont le funk, le reggae et le rock.

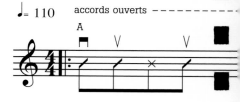

### Exemple 1

*Appuyez fermement le côté de la main droite sur les cordes pour produira un effet de percussion comme si vous donniez un coup de plectre vers le bas.*

## Notes par percussion

Les notes produites par percussion ne sont constituées que d'un «x» au lieu d'un trait ou d'une tête de note. L'exemple 1 illustre l'endroit où vous pincez les cordes. Les exemples 2 et 3 illustrent l'endroit où vous relâchez la pression de la main tout en continuant de gratter les cordes.

## Sur le CD : pistes 44-46

Les trois exemples se trouvent sur le CD. Écoutez-les attentivement pour être sûr de savoir comment les notes par percussion devraient sonner.

### Étape 1

*Cette photo montre comment utiliser le côté de la main droite et pincer les cordes sur les temps deux et quatre.*

♩ = 85  type 1 - - - - - - - - - - - - - - - - - - - - - - - - - - - - - - - - - - - - - -

G

## Exemple 2

*Relâchez la pression dans la main gauche, mais attention de ne pas retirer les doigts des cordes. Le gratté de la seizième note est le même, mais n'est pas très accentué.*

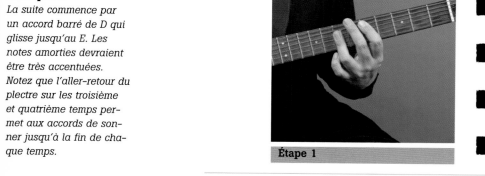

**Étape 1**

♩ = 75    type 2 - - - - - - - - - - - - - - - - - - - -    type 1

D E                                            D          A

## Exemple 3

*La suite commence par un accord barré de D qui glisse jusqu'au E. Les notes amorties devraient être très accentuées. Notez que l'aller-retour du plectre sur les troisième et quatrième temps permet aux accords de sonner jusqu'à la fin de chaque temps.*

**Étape 1**

**Leçons**

B♭             C

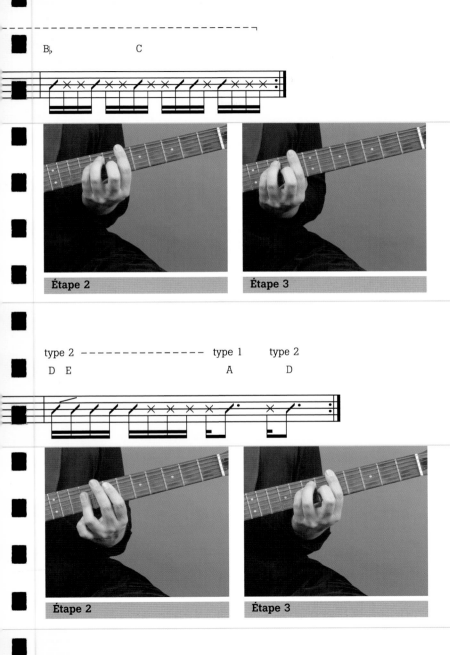

**Étape 2**

**Étape 3**

type 2 – – – – – – – – – – – – – type 1    type 2

D  E                 A       D

**Étape 2**

**Étape 3**

# Leçon 30
## Techniques propres
## au rock : le *palm muting*

Le *palm muting* est surtout employé en rock de
tous styles et exige l'amortissement des cordes
avec la partie inférieure de la paume près du chevalet. En touchant très légèrement les cordes et en
les pinçant simultanément avec le plectre, on produit un gros son énergisant tout indiqué pour les
accords de puissance et les *riffs* composés de notes
graves et joués avec distorsion. L'endroit exact où
poser la main et quelle portion de celle-ci doit
toucher les cordes est cependant très important. Si
vous appliquez trop de pression trop loin du chevalet, vous n'obtiendrez qu'un bruit terne de percussion. Il est important de ne pas arrêter complètement les cordes de sonner. Si vous voulez jouer
du rock, le *palm muting* est inestimable ; même si
ce n'est pas votre cas, on s'en sert aussi dans de
nombreux autres styles, par conséquent vous feriez
bien de le maîtriser. Une fois que vous aurez trouvé
l'endroit idéal où poser la main droite, vous trouverez cette technique simple, mais pourtant efficace, utile dans beaucoup de situations musicalement différentes.

### Exemple 1

**1** *Posez la partie inférieure de la paume près du
chevalet, de façon qu'elle repose délicatement sur
les cordes.*
**2** *L'annulaire devrait se trouver au-dessus de la
cinquième case pendant que vous jouez la première
mesure, pour assurer un passage rapide et en souplesse à la note désirée.*

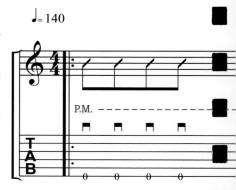

**Étape 1**

*Bien que ce* riff
*commence avec la
sixième corde à vide, laissez la main à
la troisième position prête à jouer les
notes de la deuxième mesure. Posez
la partie inférieure de la paume droite
près du chevalet et faites en sorte de
toucher délicatement les cordes.*

Leçons

## *Palm muting* (amortissement avec la paume)

Les lettres «P.M.» suivies d'une ligne tiretée indique que toutes les notes et tous les accords compris dans cette section doivent être amortis.

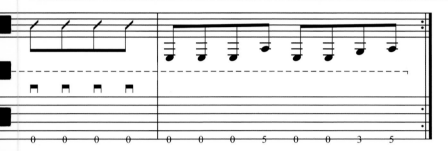

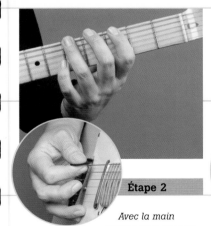

**Étape 2**

*Avec la main gauche déjà en position, appuyez simplement l'annulaire sur la corde pour produire la cinquième note de la seconde mesure. Notez comme la position de la main droite demeure la même avec l'utilisation du plectre vers le bas tout au long.*

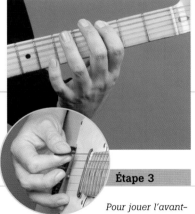

**Étape 3**

*Pour jouer l'avant-dernière note, appuyez simplement l'index sur la corde. Maintenez la position de la main droite et jouez la note plectre vers le bas.*

## Petit conseil

Rappelez-vous que l'amortissement ne demande qu'une très légère pression. On doit quand même entendre la tonalité de chacune des notes. Exercez-vous à cette technique en commençant lentement, plectre vers la bas, et faites des essais en modifiant la pression de la main droite et la distance entre la paume et le chevalet.

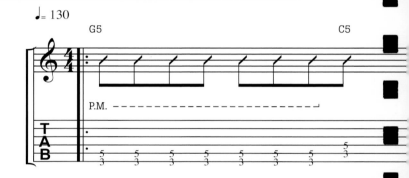

## Exemple 2

**1** *Lorsque vous jouez des accords de puissance, assurez-vous que la partie inférieure de la paume touche les cordes graves (c'est particulièrement important dans le cas de D5).*
**2** *Soulevez à peine la paume des cordes pour que C5 et D5 puissent sonner, mais gardez la main en position, prête à revenir rapidement à l'amortissement.*

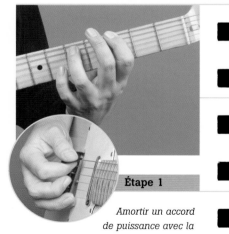

### Étape 1

*Amortir un accord de puissance avec la paume est un peu plus difficile. Appliquez une pression (légère) égale sur les deux cordes avec la partie inférieure de la paume droite, près du chevalet.*

Leçons

## Tirez le maximum de vos exercices

Il est difficile d'utiliser la technique du *alternate picking* quand plusieurs cordes sont amorties. Pratiquez cet exemple lentement à environ 80 bpm, puis montez progressivement votre métronome à la vitesse désirée, soit 130 bpm.

## Petit conseil

Pour obtenir un son plus profond et régulariser l'attaque, on joue les *riffs* lourds et les accords de puissance plectre invariablement vers le bas.

D5

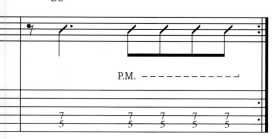

**Étape 2**

*L'accord de puissance se déplace sur les cinquième et quatrième cordes à la fin de la mesure. Évitez de pincer la sixième corde en commençant plectre vers le bas sur la cinquième corde tel qu'illustré.*

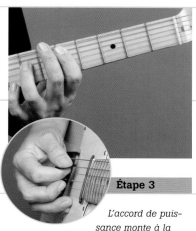

**Étape 3**

*L'accord de puissance monte à la septième case dans la seconde mesure. Maintenez la pression de la paume droite et ne bougez pas la main qui tient le plectre.*

## Exemple 3

**1** *Amortir des accords avec la paume quand on utilise la technique du* alternate picking *est beaucoup plus difficile. Il faut que la paume repose légèrement sur les quatre cordes les plus basses avec la même pression sur chacune.*
**2** *Ne vous donnez pas la peine de jouer un accord de Em complet. Appuyez simplement sur la quatrième corde avec le majeur en gardant l'annulaire prêt à jouer le A ajouté.*

### Répéter la mesure

Une barre oblique séparant deux points indique une répétition de mesure. Répétez tout simplement ce que vous avez joué à la mesure précédente.

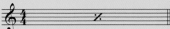

♩= 120

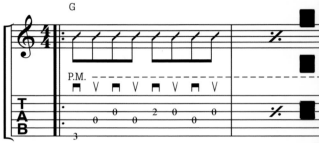

**Étape 1**

*L'accord de G, dans cet exemple, n'utilise au départ que la troisième note à laquelle s'ajoutent les cordes à vide. Posez le partie latérale de la paume sur les quatre cordes du bas, près du chevalet.*

**Étape 2**

*Le majeur est ajouté sur la troisième corde au milieu de la mesure. La technique du* alternate picking *commence maintenant sur la troisième corde plectre vers le bas.*

**Leçons**

### Sur le CD : piste 47-49

En écoutant le CD, vous comprendrez mieux comment
doivent sonner ces extraits correctement amortis.
L'exemple 1 est un *palm muting* typique du *heavy rock*.
L'exemple 2 est légèrement plus *punky*, tandis que
l'exemple 3 est un *riff* pop joué avec un effet de *chorus*
sans distorsion.

Em

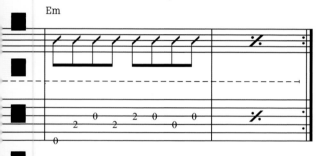

**Étape 3**

*Placez la main
gauche en position*
de Em avec le majeur seulement sur
la quatrième corde. Commencez le jeu
aux doigts sur la sixième corde,
plectre vers le bas.

**Étape 4**

*On ajoute l'annu-
laire à l'accord sur la*
troisième corde. Encore une fois, la technique du alternate picking *commence
maintenant sur la troisième corde* plectre
vers le bas.

# Leçon 31
## Modifier la tonalité : le capodastre

Un capodastre est un dispositif qui se fixe sur le manche de la guitare, près de la frette, comme si vous barriez les cordes avec le doigt, et qui permet de changer de tonalité. Il a pour effet de déplacer le sillet plus haut sur le manche. Certains guitaristes pensent que se servir d'un « capo » c'est tricher, mais ce petit outil, d'une grande efficacité, a donné trop de bons résultats musicaux lors d'enregistrements pour qu'on puisse s'en passer. Le « capo » est le plus souvent employé en *fingerstyle* pour augmenter la tonalité d'une suite d'accords ouverts soit pour venir en aide au chanteur, soit pour obtenir un son plus clair ou diminuer le poids de la basse quand on change d'accompagnement. Beaucoup de musiciens *bluegrass,* country et folk emploient régulièrement le « capo ». Des compositeurs interprètes comme Bob Dylan et James Taylor l'ont aussi utilisé dans de nombreuses chansons célèbres. Il est offert pour la guitare acoustique et la guitare électrique. Il vaut donc la peine de demander à votre marchand de musique local lequel convient à votre guitare avant d'en acheter un (voir Guide de l'acheteur, pages 226 à 249).

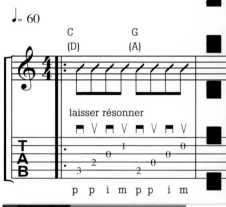

### Exemple 1 : « capo » sur la deuxième case

**1** *Lorsque vous fixez le « capo », assurez-vous qu'il est bien ajusté derrière la frette désirée.*

**2** *L'accord de G de la première mesure n'a pas de tonique ou de tonique finale, par conséquent vous n'avez qu'à jouer la cinquième corde avec le majeur.*

**Étape 1**

*Ici, le « capo » est fixé sur la deuxième case. Normalement, vous devriez jouer un accord de C, mais avec le « capo » ainsi placé, vous jouez, en fait, un accord de D.*

## Tirez le maximum de vos exercices

L'exemple 1 peut être joué en *fingerstyle* ou avec le plectre. L'exemple 2 est une progression d'accords grattés et l'exemple 3, un exemple de *fingerstyle*. Essayez de jouer ces exemples avec et sans le « capo » pour que vous puissiez constater la différence.

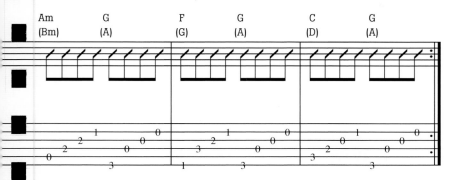

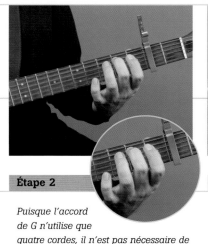

### Étape 2

*Puisque l'accord de G n'utilise que quatre cordes, il n'est pas nécessaire de jouer toutes les notes à la frette. Vous n'avez qu'à utiliser le majeur sur la deuxième case de la cinquième corde.*

### Étape 3

*L'accord de G utilisé dans les mesures qui restent n'exige que de l'annulaire sur la sixième corde.*

## Exemple 2: le capo
## sur la 7ᵉ case

**1** *Éloignez simplement le plectre des cordes pour effectuer le* ghosted picking.
**2** *L'accord de A de la dernière mesure est barré sur la deuxième case avec l'index. En posant le doigt un peu obliquement, vous devriez être capable de ne pas toucher à la première corde.*

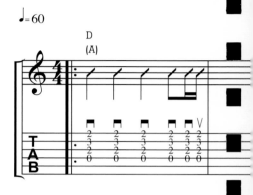

### Étape 1

*Avec le «capo» sur la septième case, un accord de D simple devient un accord de A en haut du manche.*

### Étape 2

*Jouer un accord de C avec le «capo» sur la septième case donne un accord de G en haut du manche.*

**Leçons**

## Petit conseil

Quand les chansons sont grattées à des tempos plus lents comme dans
l'exemple 2, il est plus facile de garder la mesure avec exactitude si vous
prenez la technique du *ghosted strumming* pour les croches et les doubles
croches. Dans cet exemple, une forme de *ghosted strum* pour double croche est jouée en continu, mais les quelques coups de plectre de plus
n'entrent en contact avec les cordes qu'à la fin de chaque mesure.

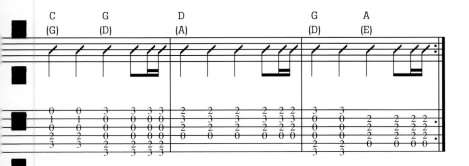

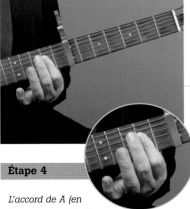

**Étape 3**

*Ici, pour passer
rapidement de
l'accord de C à l'accord de G, ce dernier
est joué avec le majeur, l'annulaire et
l'auriculaire.*

**Étape 4**

*L'accord de A (en
fait un accord de E
plus haut sur le manche) se joue avec
l'index seulement en position de barré.
Il serait peu commode d'utiliser plusieurs doigts aussi haut sur le manche.*

## Exemple 3 :
## le «capo» sur la
## troisième case

**1** *Comme dans l'exemple 2, l'accord de A dans cette suite se joue avec l'index en position de barré. Avec la technique du* fingerstyle, *l'amortissement de la première corde n'est plus un objet d'inquiétude.*

**2** *Lorsque vous passerez à l'accord de E final, n'attendez pas que l'accord soit en place avant d'exécuter le premier pincement. Ce sont des cordes à vide de toute façon. Par conséquent le pincement et le changement d'accord peuvent s'effectuer simultanément.*

**Petit conseil**

Lorsque vous jouez des formes de *picking* plus complexes, comme dans l'exemple 3, essayez de répéter la partie basse seulement pour commencer et ajoutez progressivement les notes de la mélodie. Les notes graves sont jouées avec le pouce (p).

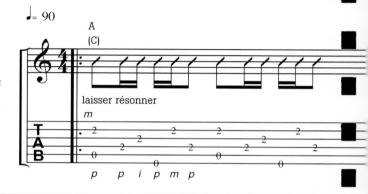

**Étape 1**

*Avec le «capo» sur la première case, jouer un accord de A (avec l'index en position de barré) donne un accord de C.*

## Sur le CD : pistes 50-53

N'oubliez pas d'écouter les exemples sur le CD d'accompagnement. Les exemples 1 et 2 sont joués à tempo rapide. L'exemple 3 est joué à deux tempos : lent et rapide.

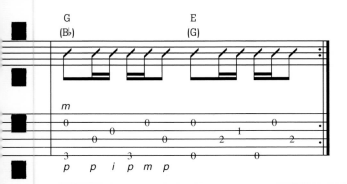

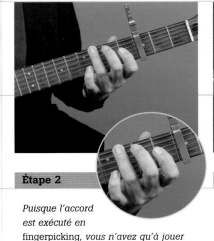

**Étape 2**

*Puisque l'accord est exécuté en* fingerpicking, *vous n'avez qu'à jouer l'accord de G avec l'annulaire, ce qui donnera, en fait, un accord de B♭.*

**Étape 3**

*Un accord de E ordinaire, avec le « capo » sur la troisième case, produit un accord de G.*

# Leçon 32
## Serpents et échelles : faire ses gammes.

Répéter les gammes dans leurs formes ascendante et descendante depuis une fondamentale au bas du manche est très utile pour apprendre les gammes elles-mêmes, mais ça n'a pas grand-chose à voir avec l'éxécution des mélodies. Ce n'est pas que les gammes ne sont pas importantes. La musique ne saurait exister sans elles Cependant, quand il est question de performance, les gammes sont rarement utilisées de cette manière. Les phrases peuvent débuter sur n'importe quelle note et donner lieu à des sauts d'intervalles, des sauts de cordes, des arpèges ; les possibilités sont infinies. Alors, pour se préparer à ces situations musicalement exigeantes, les musiciens répètent des arpèges et des suites de notes commençant à chacun des degrés de la gamme. Répètent les gammes selon cette approche est aussi une bonne façon de construire des *licks* et de développer des idées de solos. Une simple suite de notes peut donner naissance à une idée qui débouche elle-même sur une mélodie ou un air intéressants si les muses vous accompagnent.

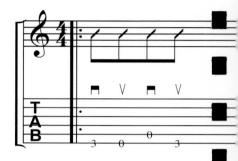

### Exemple 1 : gamme pentatonique de E mineur
**1** *En plaçant le plectre au milieu des cordes, vous trouverez les sauts de corde (p. ex. entre les deuxième et troisième notes dans la première mesure) beaucoup plus faciles à exécuter.*
**2** *Pendant que vous jouez une corde à vide, placez le doigt en position pour la prochaine note, comme pour les deux premières notes de la deuxième mesure.*

**Étape 1**

*Gardez l'annulaire au-dessus de la case lorsque vous le soulevez pour jouer la corde à vide sur le premier temps. Le tout doit être joué plectre vers le haut tel qu'indiqué.*

## Tirez le maximum de vos exercices

Il n'y a pas d'indication de tempo pour ces exercices puisqu'ils doivent
être joués au tempo qui vous permettra d'être à l'aise. Commencez toujours
lentement et essayez de l'augmenter à chaque pratique, mais ne jouez pas
plus vite si c'est au dépend de la netteté et de l'exactitude des sons.

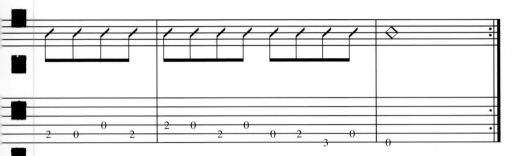

**Étape 2**

**Étape 3**

*La deuxième fois
que vous jouez la
sixième corde sur la troisième case,
vous devriez le faire plectre vers
le haut.*

*La plus haute
note est jouée avec
le majeur sur la quatrième corde
avant que la forme ne s'inverse et ne
devienne descendante.*

## Exemple 2 : gamme pentatonique de E mineur

**1** *Pour une exécution égale et en douceur, gardez les doigts près de la touche, même pour les cordes à vide.*

**2** *En touchant légèrement le E à vide (deuxième mesure) après l'avoir joué, vous pourrez l'empêcher de sonner en même temps que le A de la cinquième corde à vide qui est la note suivante.*

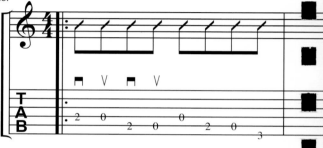

**Étape 1**

*Commencez avec le majeur sur la quatrième corde, plectre vers le bas, et utilisez la technique de l'alternate picking tout au long.*

**Étape 2**

*La quatrième corde à vide est jouée plectre vers le bas sur le troisième temps. Notez comme le majeur s'est déplacé sur la cinquième corde pour se préparer à jouer la note suivante.*

**Leçons**

## Petit conseil

Vous pouvez vous servir d'une multitude de combinaisons de notes pour faire vos gammes. Celles-ci ne sont que quelques exemples parmi tant d'autres pour vous aider à démarrer. Il existe d'excellents et nombreux livres consacrés exclusivement à la répétition des gammes si vous tenez absolument à explorer le sujet en profondeur.

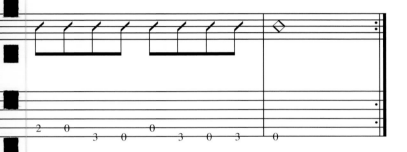

### Étape 3

*La dernière note de la première mesure est jouée avec l'annulaire plectre vers le haut.*

### Étape 4

*La cinquième corde à vide sur le troisième temps de la deuxième mesure est jouée plectre vers le bas tandis que vous préparez simultanément l'annulaire à jouer la prochaine note.*

## Exemple 3 : gamme de G majeur

**1** *Placez l'auriculaire juste au-dessus de la quatrième case pendant que vous jouez la quatrième corde à vide (deuxième mesure).*

**2** *Il est toujours difficile de passer du majeur à l'auriculaire. Essayez d'écarter le plus possible le petit doigt pendant que vous jouez la dernière note de la deuxième mesure.*

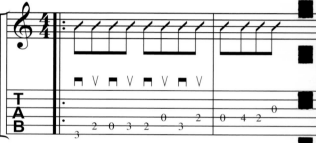

**Étape 1**

*Cette forme commence sur la sixième corde avec l'annulaire sur la troisième case.*

**Étape 2**

*Pincez la quatrième corde à vide de la première mesure plectre vers le haut pendant que vous placez l'annulaire au-dessus de la cinquième corde, prêt à jouer la note suivante.*

Leçons

**Petit conseil**

Faire quelques exercices est la meilleure
façon de se réchauffer les doigts et
d'améliorer la coordination entre la
main droite et la main gauche.

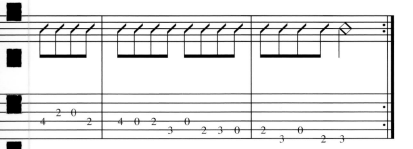

**Étape 3**

*Jouez la
quatrième case de
la quatrième corde avec l'auriculaire.
Le majeur devrait demeurer au-dessus
de la deuxième case pour pouvoir
passer rapidement à la note suivante.*

**Étape 4**

*La note suivante,
sur la quatrième
case, se déplace directement sur la
deuxième case de la troisième corde.
Ce mouvement difficile suppose que les
doigts ont une certaine autonomie et
peut demander un peu d'entraînement.*

# Leçon 33
## Atelier de création de chansons : progressions d'accords populaires

Bien que chaque nouveau mouvement musical prétende apporter quelque chose de neuf et révolutionner la musique, ce n'est vrai que dans quelques rares cas qui, d'ailleurs, ne sauraient se détacher complètement de la prodigieuse histoire de la musique et de son influence. Charlie Parker, le génial musicien de jazz, a basé beaucoup de ses airs be-bop sur les progressions d'accords des standards de l'époque ; Led Zeppelin, à l'avant-garde du son *heavy metal,* doit beaucoup aux *riffs* et aux suites d'accords des premiers musiciens de blues afro-américains comme Blind Willie Johnson et Sonny Boy Williamson ; Kurt Cobain a avoué que le son *dark* de Black Sabbath, le groupe de *heavy metal* des années 1970, avait considérablement influencé le style *grunge* de Nirvana. Par conséquent, il va sans dire que vous pouvez apprendre beaucoup de choses sur la musique en vous inspirant de ce qui marche. Les suites d'accords suivantes ne sont pas des formes trop souvent utilisées qu'il faut éviter, elles sont là pour servir d'inspiration aussi bien à l'auteur en herbe qu'au futur passionné d'improvisation. Comme tout le reste dans ce livre, vous tirerez le maximum d'avantages en pratiquant ces exercices dans différents styles et tempos. Amusez-vous bien !

**Exemple 1 : E mineur**

I
Em / / /

**Exemple 2 : E mineur**

I
Em / / /

**Exemple 3 : E mineur**

I
Em / / /

Leçons

## Petit conseil

Les chiffres romains sont aussi été utilisés pour indiquer sur quelle note de la gamme de base l'accord se fonde. Ce système a été décrit à la leçon 20 pour expliquer les 12 mesures du blues, un système que les musiciens emploient pour faciliter la transposition dans d'autres tonalités.

## Tirez le maximum de vos exercices

Vous pouvez aussi utiliser ces progressions pour vous exercer aux formes d'accords que vous avez apprises dans ce livre ou en essayer de nouvelles en consultant le répertoire d'accords des pages 148 à 175.

| IV | I | V |
|----|---|---|
| \|Am / / / | \|Em / / / | \|B7 / / / :\| |

| ♭VII | ♭VI | ♭VII |
|----|---|---|
| \|D / / / | \|C / / / | \|D / / / :\| |

| ♭III | IV | IVm |
|----|---|---|
| \|G / / / | \|A / / / | \|Am / / / :\| |

## Petit conseil

Bien que ces exemples aient été écrits avec des symboles d'accords majeurs et mineurs traditionnels, ils peuvent aussi produire un son cool avec des accords de puissance.

**Exemple 4 : G majeur**

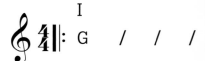

**Exemple 5 : G majeur**

**Exemple 6 : G majeur**

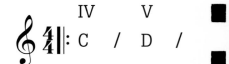

**Exemple 7 : C majeur**

**Exemple 8 : C majeur**

**Exemple 9 : F majeur**

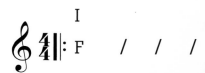

## Tirez le maximum de vos exercices

Essayez de varier le temps attribué à chaque accord. Ainsi, l'exemple 1 pourrait être une progression de deux mesures où chaque accord dure deux temps ; ou deux mesures de Em, une mesure de Am et deux temps sur Em et B7. Il n'y a rien d'immuable, alors n'ayez pas peur de faire des expériences.

```
 V                    II
|D   /   /   /  |Am  /   /   /  |Am  /   /   /  :‖
```

```
 VI                   IV                  V
|Em  /   /   /  |C   /   /   /  |D   /   /   /  :‖
```

```
 I       III7        IV    V         I
|G   /   B7  /  |C   /   D   /  |G   /   /   /  :‖
```

```
 ♭VII                IV                  I
|B♭  /   /   /  |F   /   /   /  |C   /   /   /  :‖
```

```
 V                    VI                 IV
|G   /   /   /  |Am  /   /   /  |F   /   /   /  :‖
```

```
 IV                  ♭III               ♭VI
|B♭  /   /   /  |A♭  /   /   /  |D♭  /   /   /  :‖
```

# Répertoire
# d'accords

# C

**1** C majeur

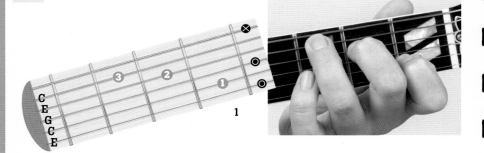

**1** C mineur

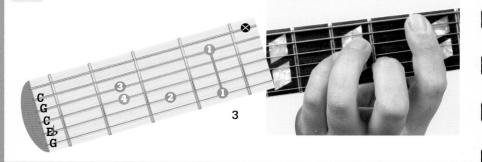

**1** C7

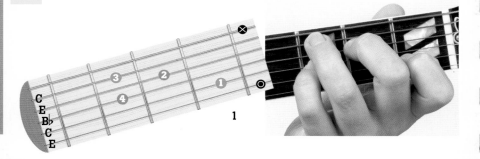

## 2 C majeur

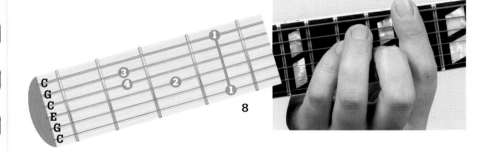

8

## 2 C mineur

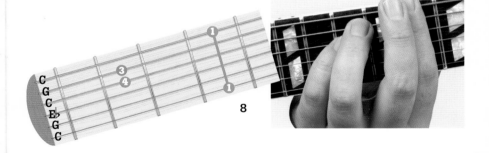

8

## 2 C7

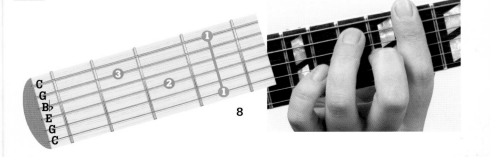

8

# C♯/D♭

### 1    C♯/D♭ majeur

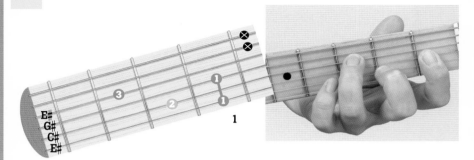

### 1    C♯/D♭ mineur

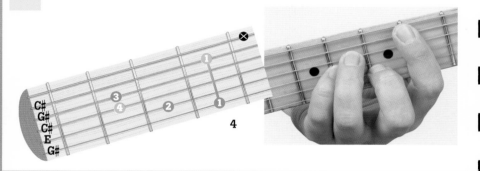

### 1    C♯7/D♭7

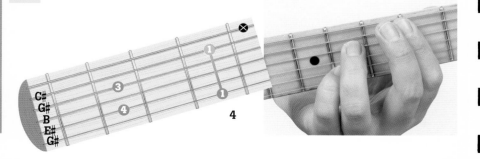

**Répertoire d'accords**

## 2 C♯/D♭ majeur

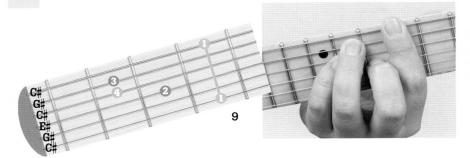

## 2 C♯/D♭ mineur

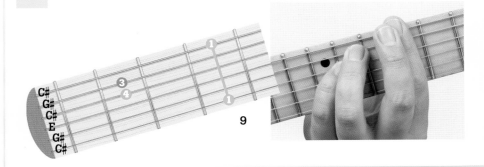

## 2 C♯7/D♭7

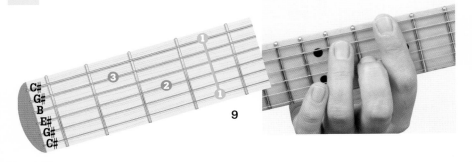

**Répertoire d'accords**

# D

### 1   D majeur

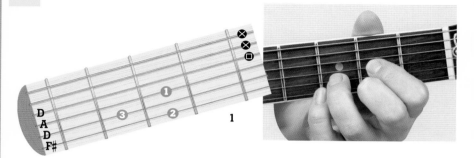

### 1   D mineur

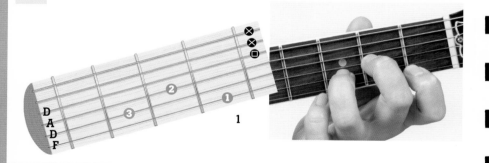

### 1   D7

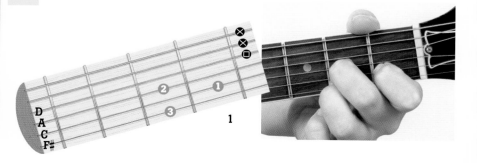

## 2    D majeur

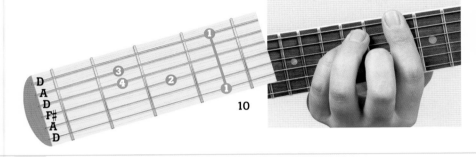

## 2    D mineur

## 2    D7

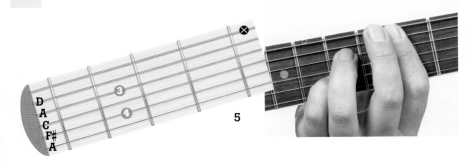

# E♭/D♯

### 1   E♭/D♯ majeur

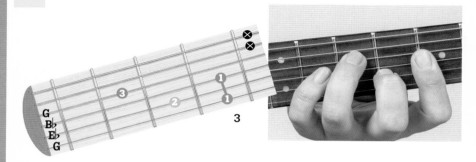

G
B♭
E♭
G

3

### 1   E♭/D♯ mineur

E♭
B♭
E♭
G♭

1

### 1   E♭7/D♯7

E♭
B♭
D♭
G

1

## 2    E♭/D♯ majeur

## 2    E♭/D♯ mineur

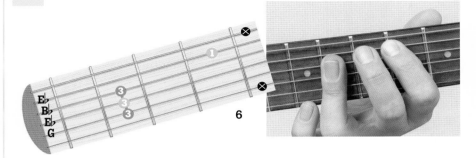

## 2    E♭7/D♯7

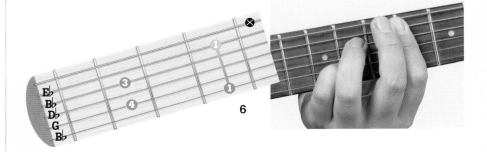

# E

### 1 E majeur

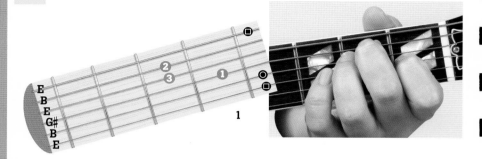

### 1 E mineur

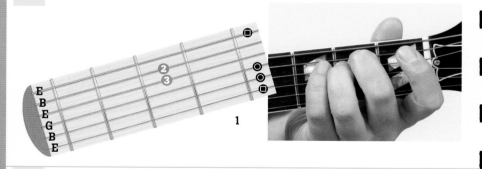

### 1 E7

## 2  E majeur

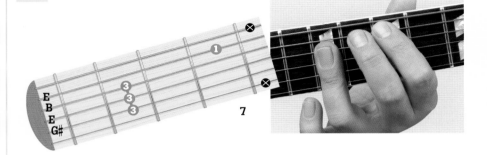

## 2  E mineur

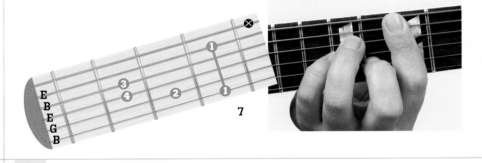

## 2  E7

# F

### 1 F majeur

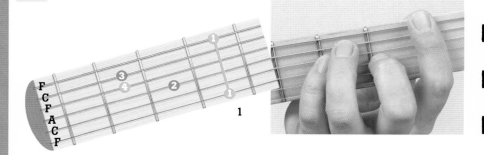

### 1 F mineur

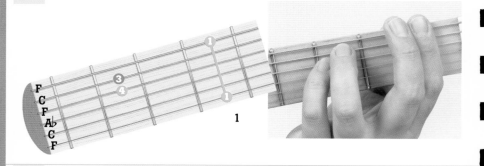

### 1 F7

## 2 F majeur

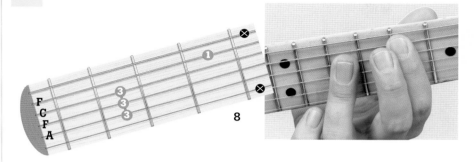

F
C
F
A

8

## 2 F mineur

F
C
F
Ab
C

8

## 2 F7

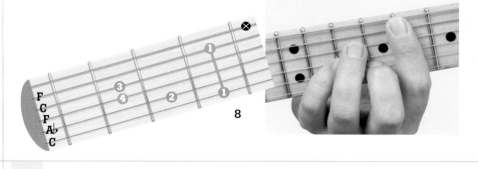

F
C
Eb
A
C

8

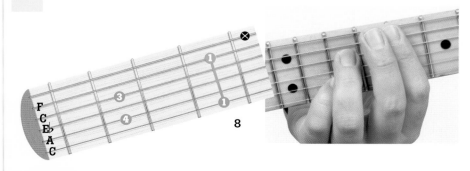

# F#/Gb

### 1 F#/Gb majeur

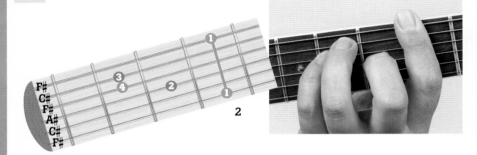

F#
C#
F#
A#
C#
F#

2

### 1 F#/Gb mineur

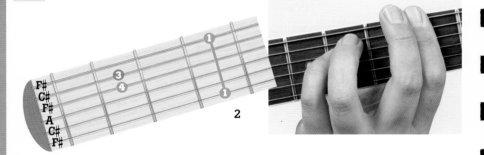

F#
C#
F#
A#
C#
F#

2

### 1 F#7/Gb7

F#
A#
C#
E

1

## 2 F♯/G♭ majeur

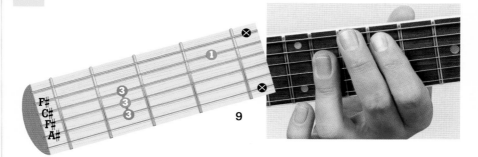

## 2 F♯/G♭ mineur

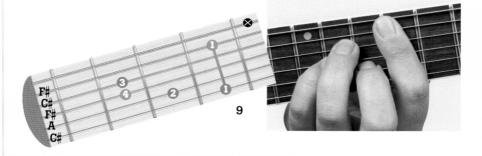

## 2 F♯7/G♭7

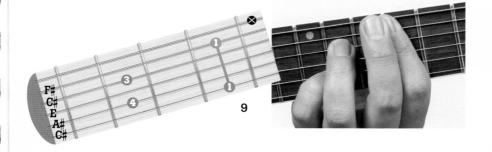

# G

1 G majeur

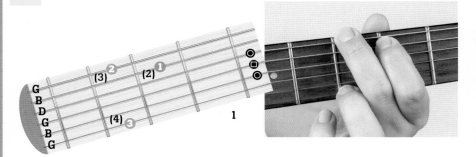

1 G mineur

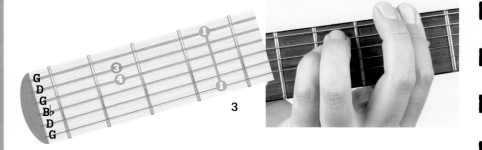

1 G7

## 2 G majeur

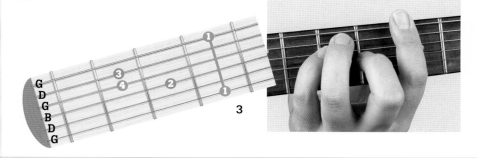

3

## 2 G mineur

10

## 2 G7

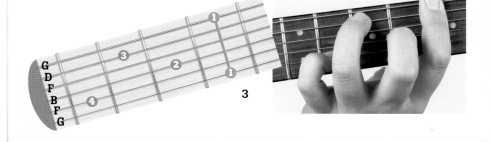

3

# G♯/A♭

### 1    G♯/A♭ majeur

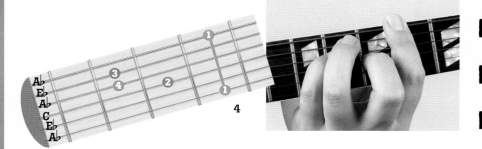

### 1    G♯/A♭ mineur

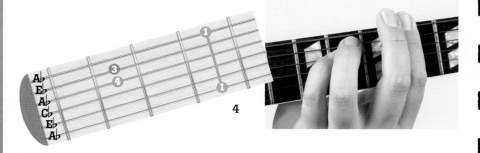

### 1    G♯7/A♭7

Répertoire d'accords

## 2    G♯/A♭ majeur

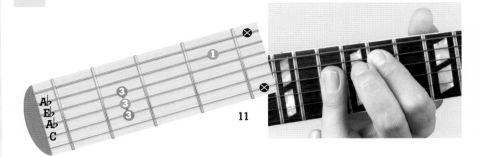

11

## 2    G♯/A♭ mineur

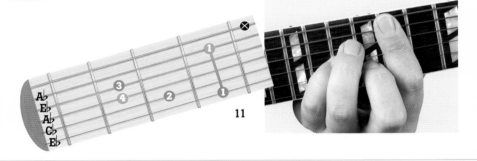

11

## 2    G♯7/A♭7

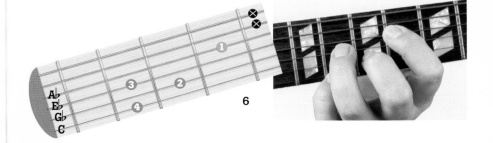

6

# A

### 1 A majeur

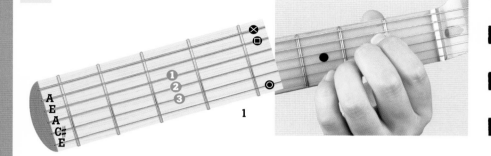

### 1 A mineur

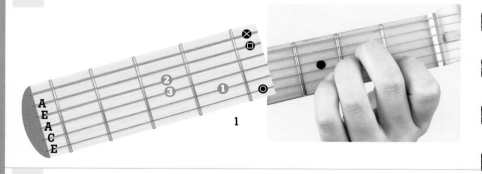

### 1 A7

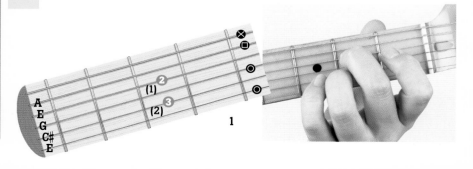

## 2    A majeur

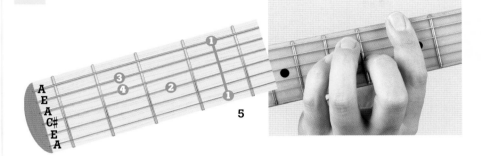

## 2    A mineur

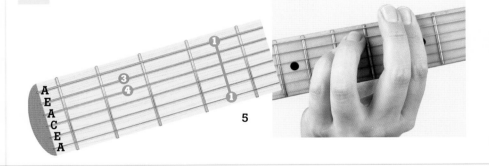

## 2    A7

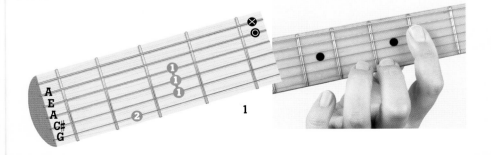

# A♯/B♭

## 1  A♯/B♭ majeur

B♭
F
B♭
D

1

## 1  A♯/B♭ mineur

B♭
F
B♭
D♭
F

1

## 1  A♯7/B♭7

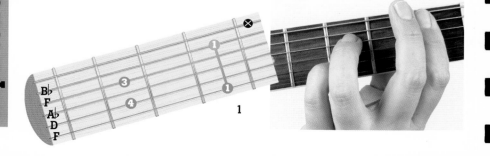

B♭
F
A♭
D
F

1

## 2 A♯/B♭ majeur

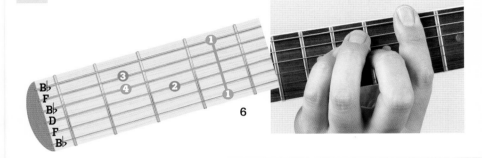

6

## 2 A♯/B♭ mineur

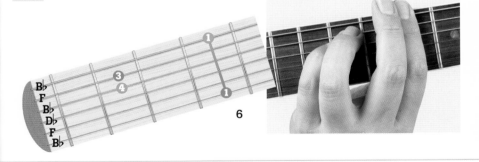

6

## 2 A♯7/B♭7

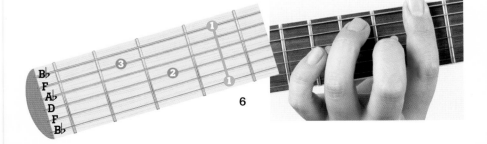

6

# B

## 1 B majeur

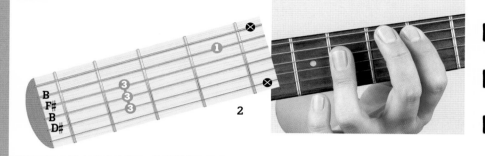

## 1 B mineur

## 1 B7

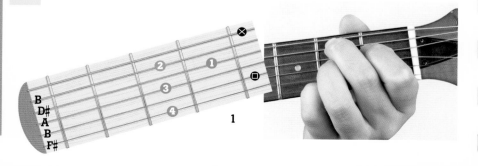

## 2 B majeur

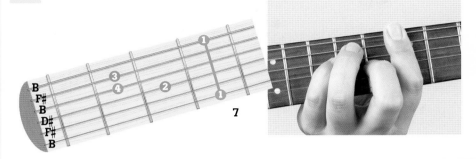

## 2 B mineur

## 2 B7

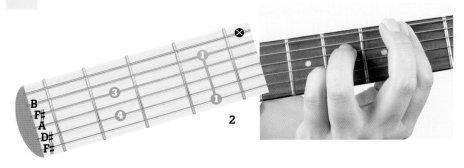

# Accords additionels

## Esus4

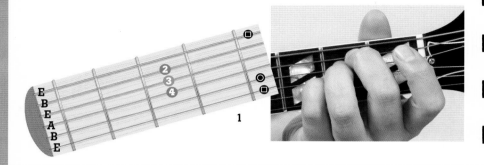

## Asus4

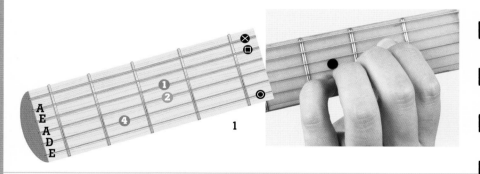

## Dsus4

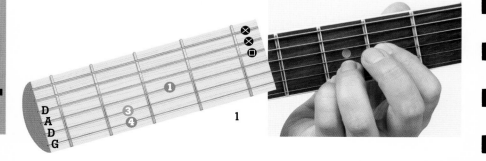

## Emin7

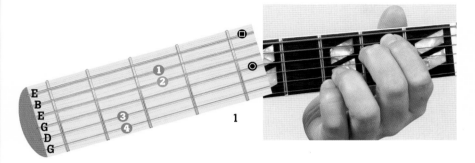

## Amin7

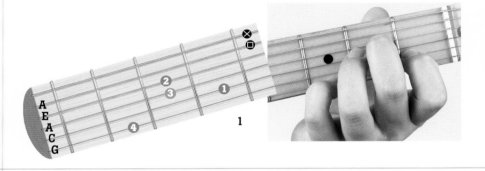

## Dmin7

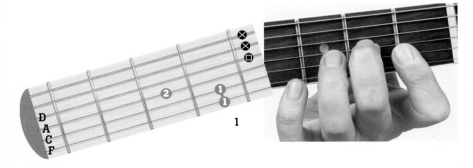

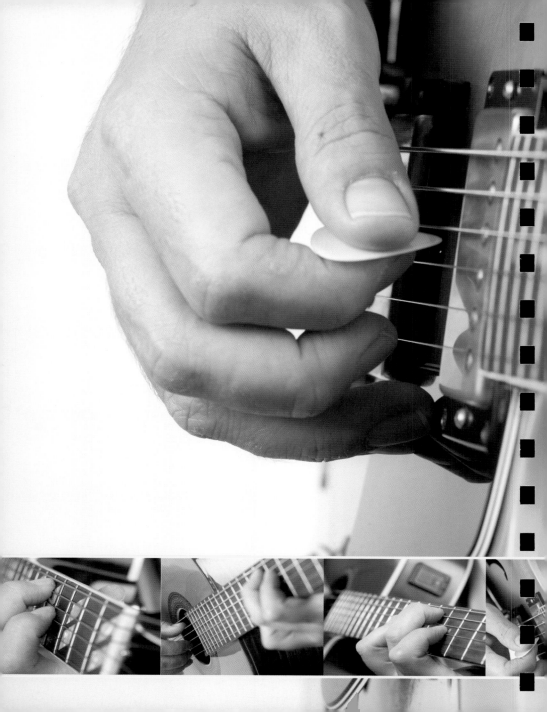

# Répertoire de gammes

# C majeur

## Forme 1

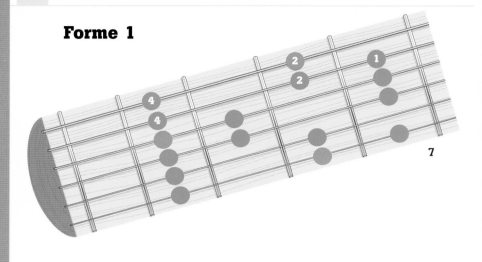

## Forme 4

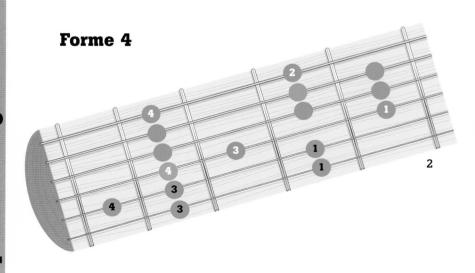

# C mineure naturelle

## Forme 1

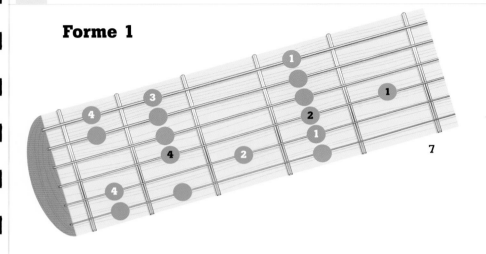

7

## Forme 4

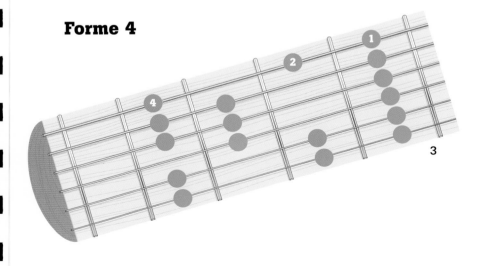

3

# C mineure pentatonique

## Forme 1

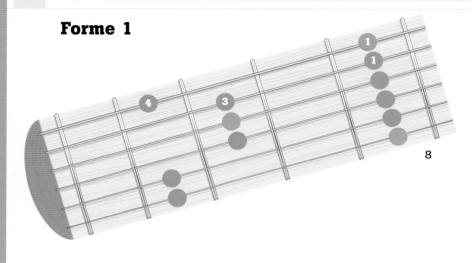

## Forme 4

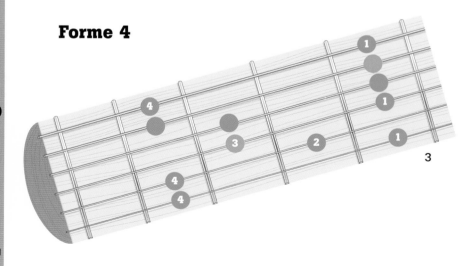

# Gamme blues en C

## Forme 1

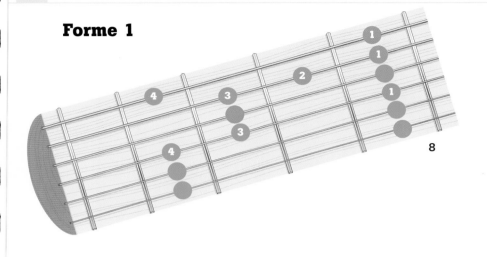

8

## Forme 4

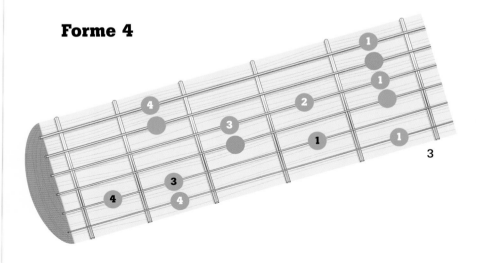

3

# C♯/D♭ majeur

## Forme 1

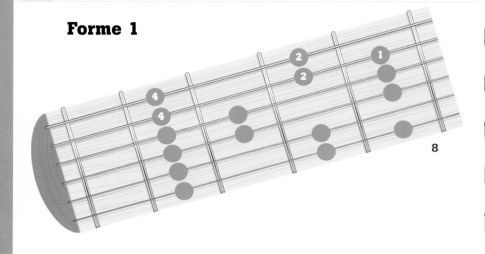

8

## Forme 4

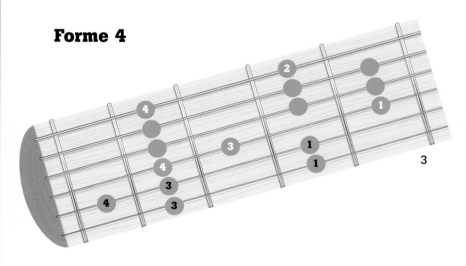

3

# C#/D♭ mineure naturelle

## Forme 1

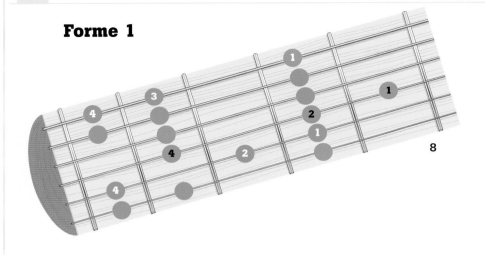

## Forme 4

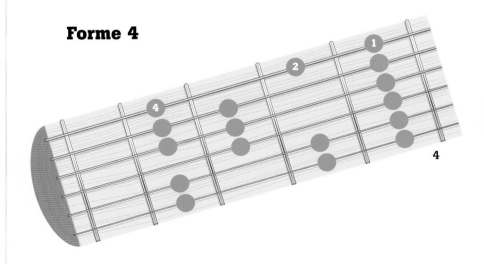

# C#/Db mineure pentatonique

**Forme 1**

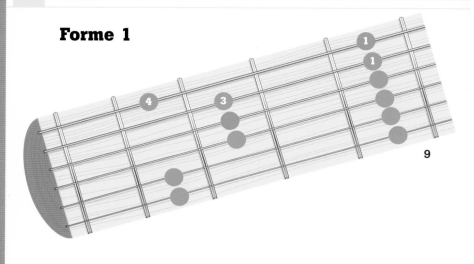

9

**Forme 4**

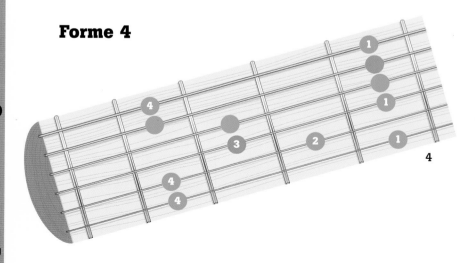

4

# Gamme blues en C♯/D♭

## Forme 1

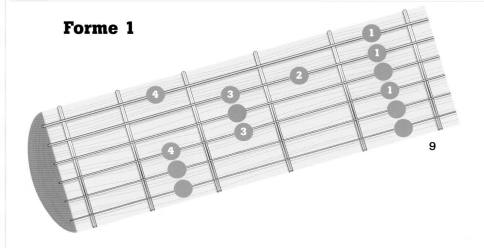

## Forme 4

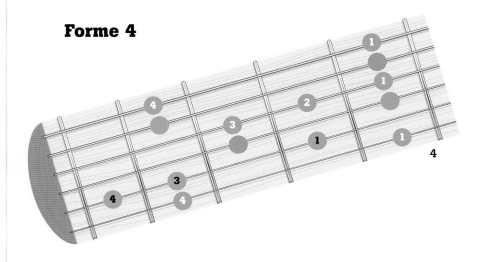

# D majeur

## Forme 1

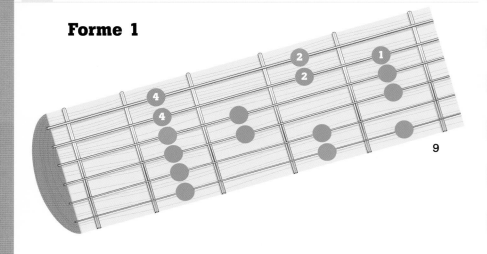

9

## Forme 4

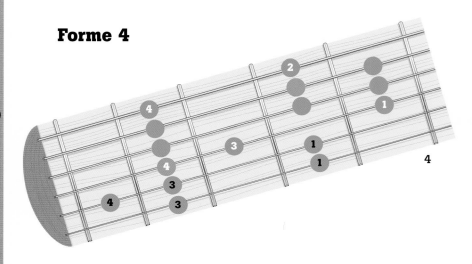

4

# D mineure naturelle

## Forme 1

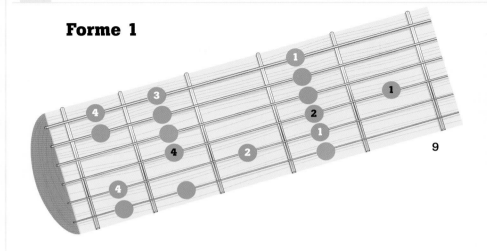

## Forme 4

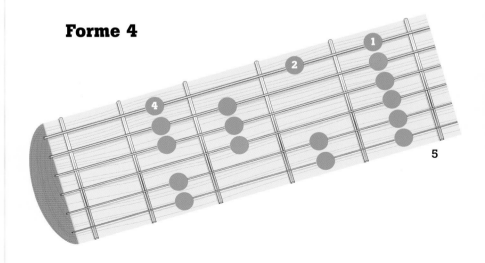

# D mineure pentatonique

## Forme 1

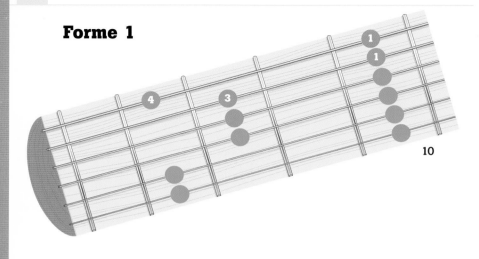

10

## Forme 4

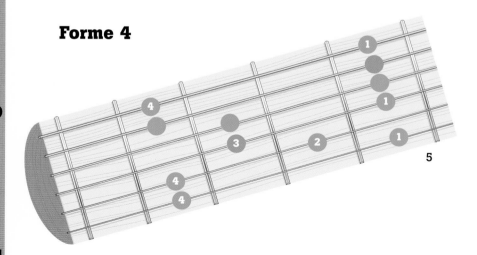

5

# Gamme blues en D

## Forme 1

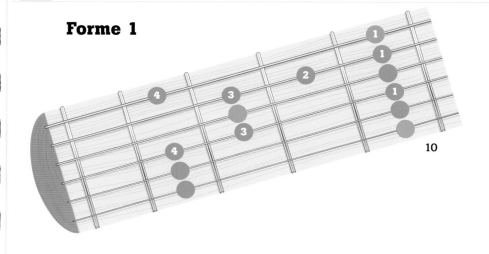

**10**

## Forme 4

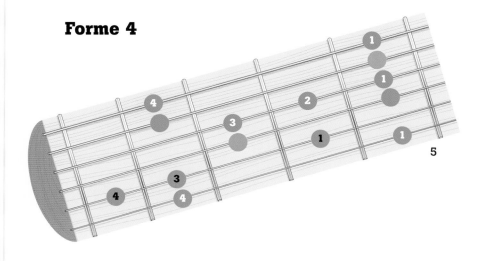

**5**

# D♯/E♭ majeur

## Forme 1

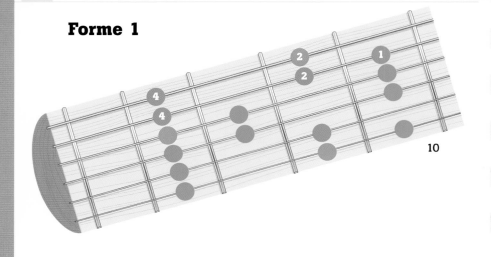

10

## Forme 4

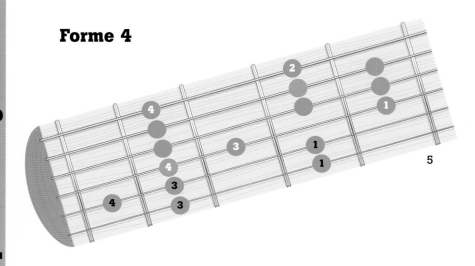

5

# D♯/E♭ mineure naturelle

## Forme 1

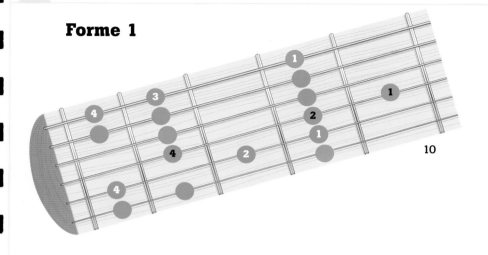

10

## Forme 4

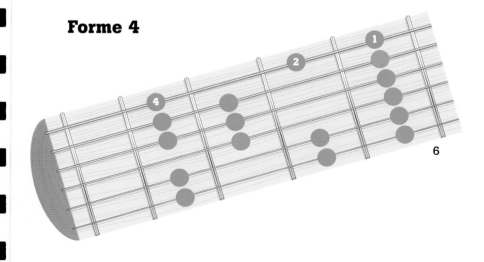

6

# D♯/E♭ mineure pentatonique

## Forme 1

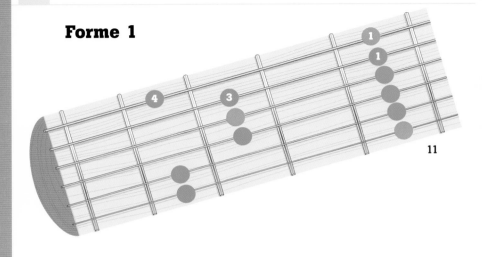

11

## Forme 4

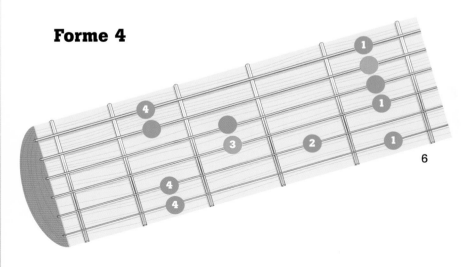

6

# Gamme blues en D♯/E♭

## Forme 1

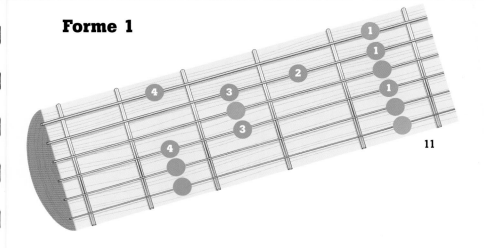

## Forme 4

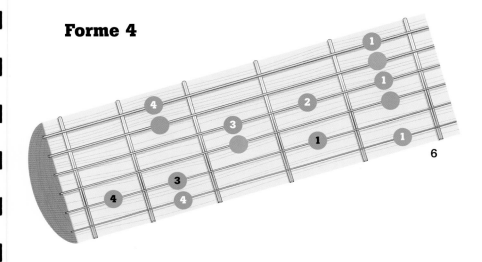

# E majeur

## Forme 1

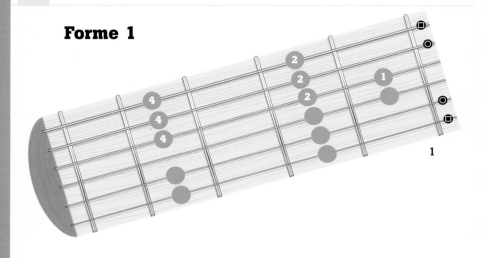

1

## Forme 4

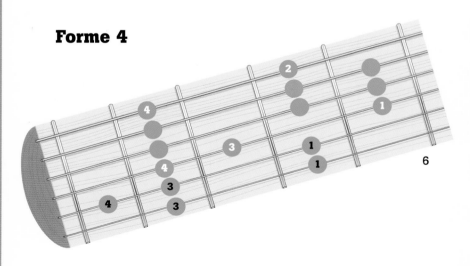

6

# E mineure naturelle

## Forme 1

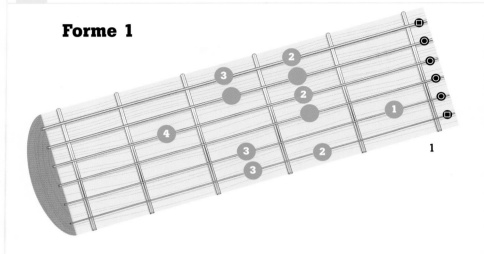

## Forme 4

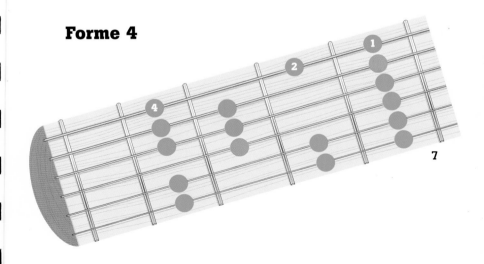

# E mineure pentatonique

## Forme 1

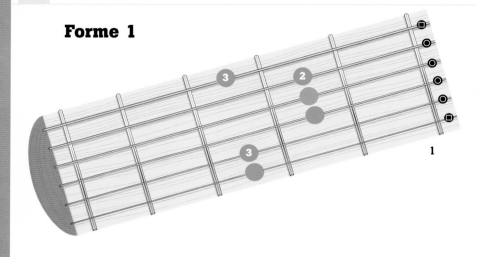

1

## Forme 4

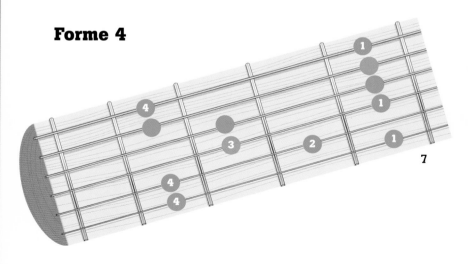

7

# Gamme blues en E

## Forme 1

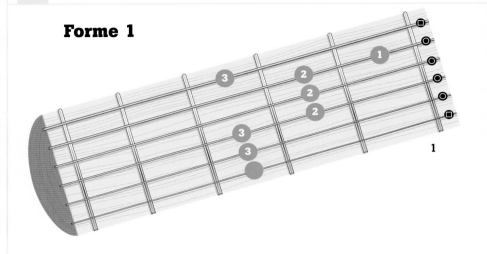

## Forme 4

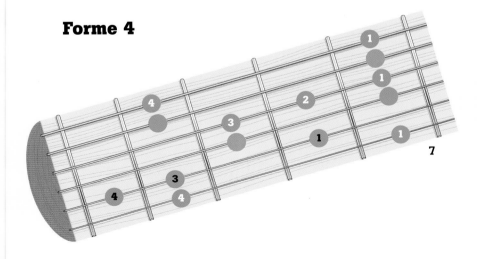

# F majeur

## Forme 1

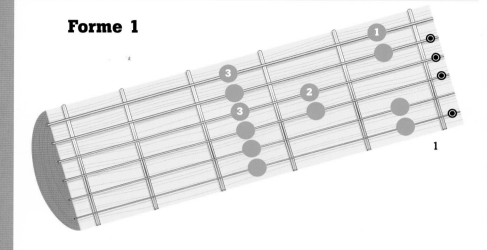

## Forme 4

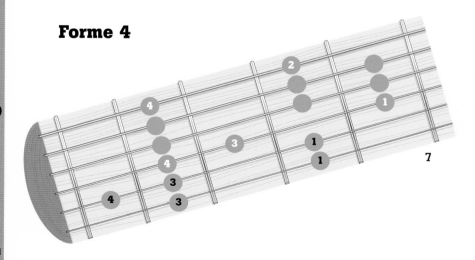

# F mineure naturelle

## Forme 1

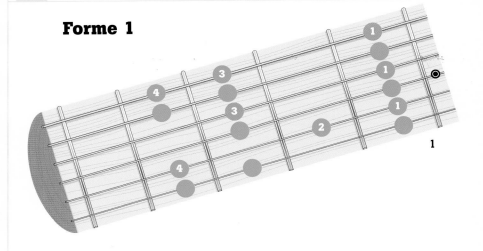

## Forme 4

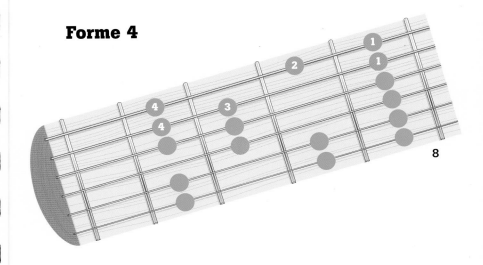

# F mineure pentatonique

## Forme 1

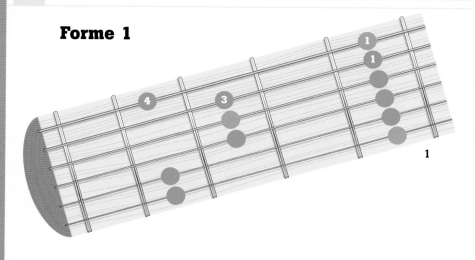

1

## Forme 4

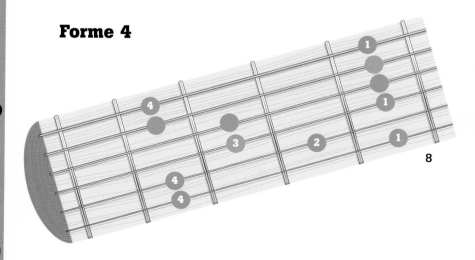

8

# Gamme blues en F

## Forme 1

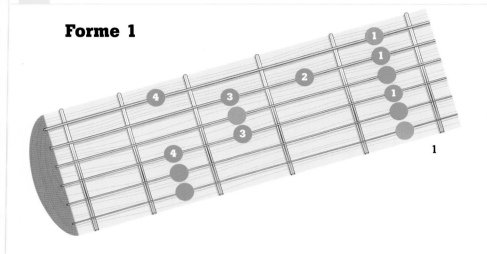

1

## Forme 4

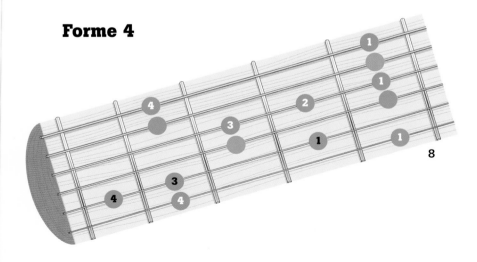

8

# F#/Gb majeur

## Forme 1

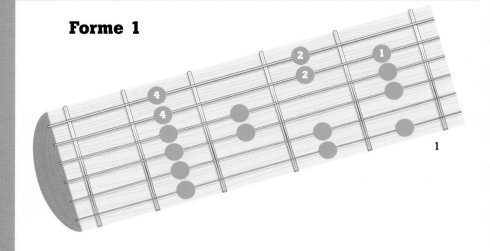

1

## Forme 4

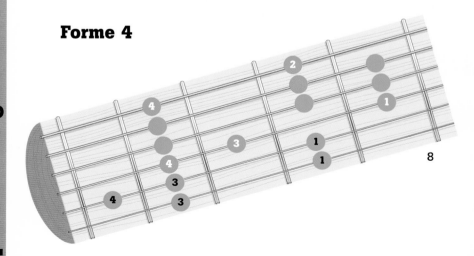

8

# F#/G♭ mineure naturelle

## Forme 1

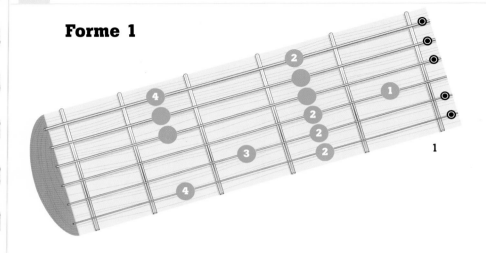

## Forme 4

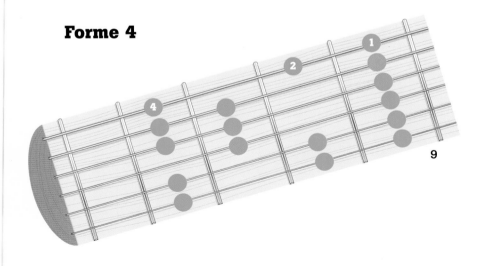

# F#/G♭ mineure pentatonique

## Forme 1

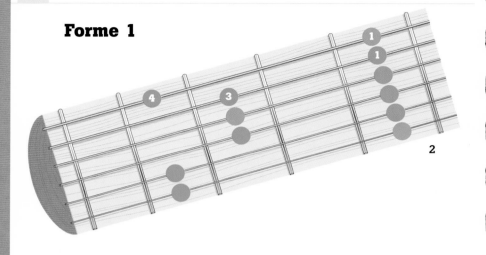

2

## Forme 4

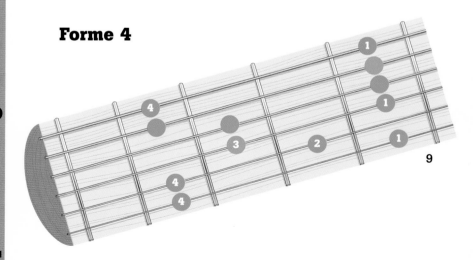

9

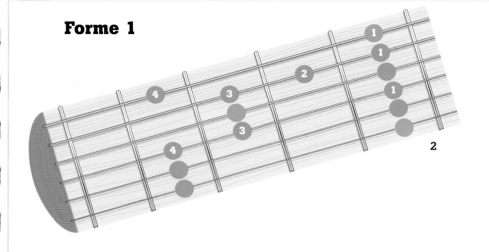

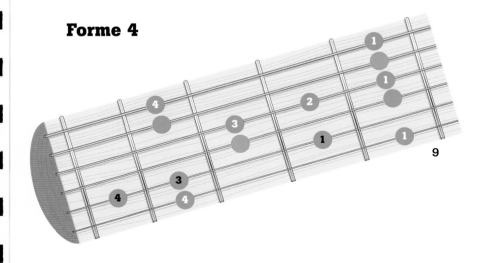

# Gamme blues en F♯/G♭

## Forme 1

2

## Forme 4

9

# G majeur

## Forme 1

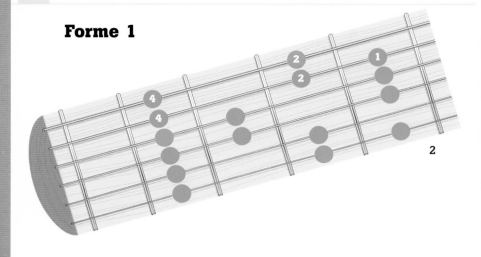

## Forme 4

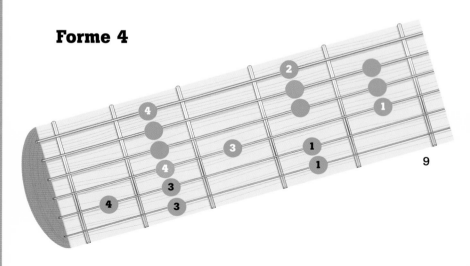

# G mineure naturelle

## Forme 1

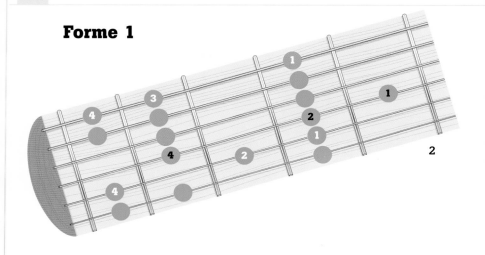

## Forme 4

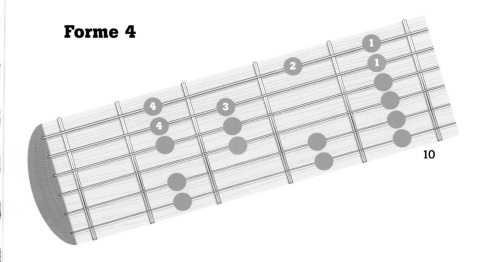

# G mineure pentatonique

## Forme 1

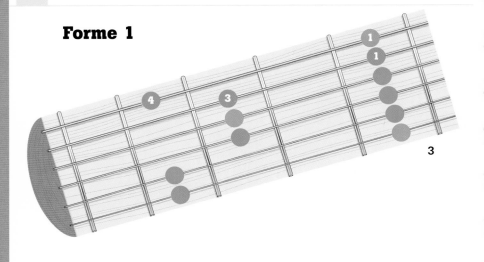

3

## Forme 4

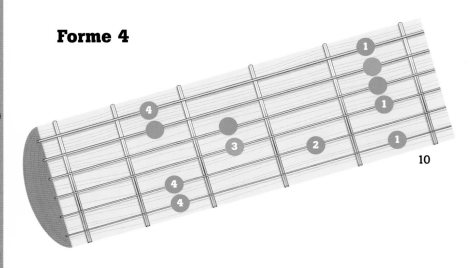

10

# Gamme blues en G

## Forme 1

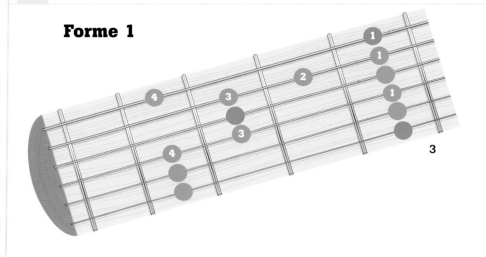

## Forme 4

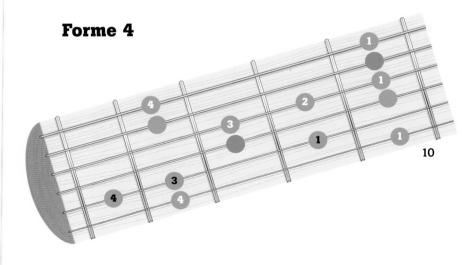

# G♯A♭ majeur

## Forme 1

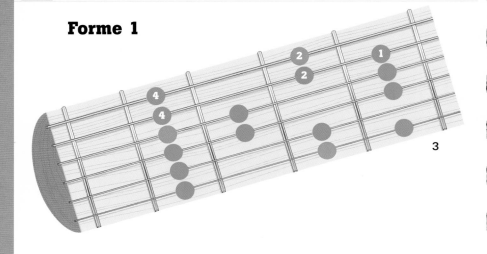

## Forme 4

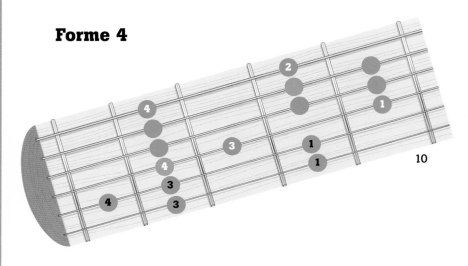

# G♯A♭ mineure naturelle

## Forme 1

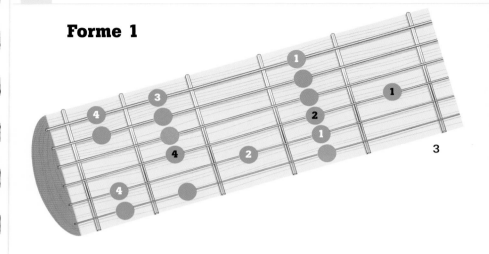

## Forme 4

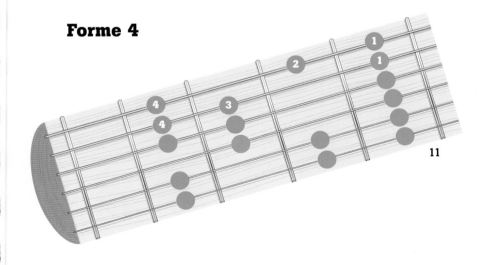

# G#/A♭ mineure pentatonique

## Forme 1

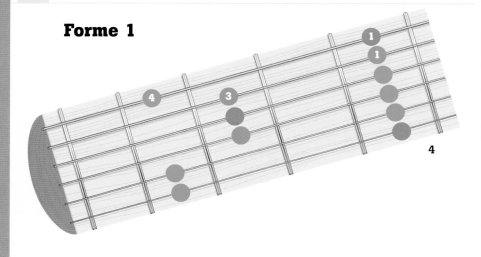

4

## Forme 4

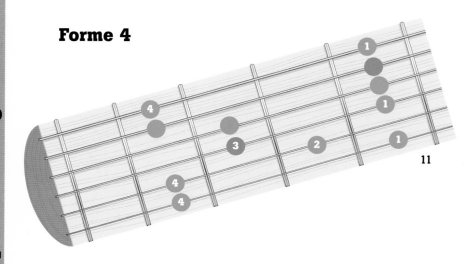

11

# Gamme blues en G♯/A♭

## Forme 1

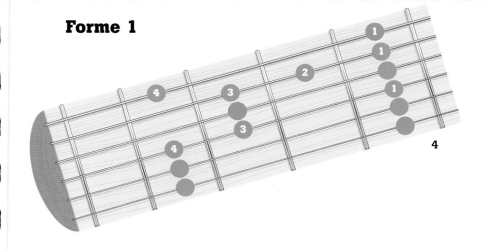

## Forme 4

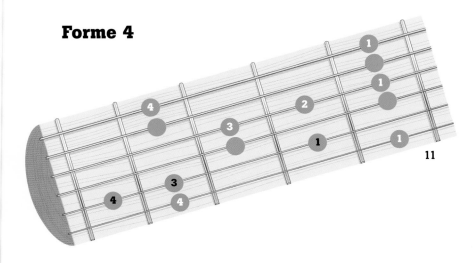

# A majeur

## Forme 1

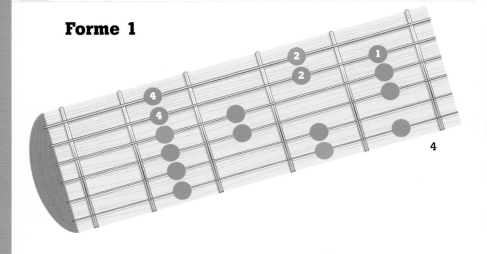

## Forme 4

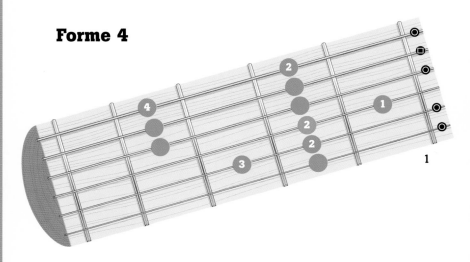

# A mineure naturelle

## Forme 1

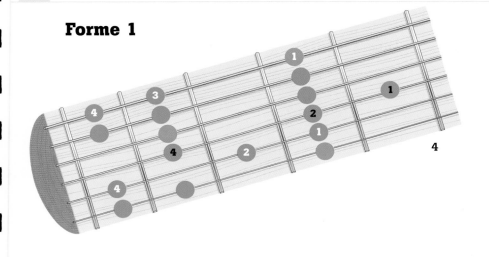

## Forme 4

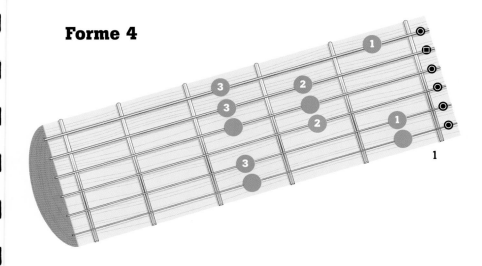

# A mineure pentatonique

**Forme 1**

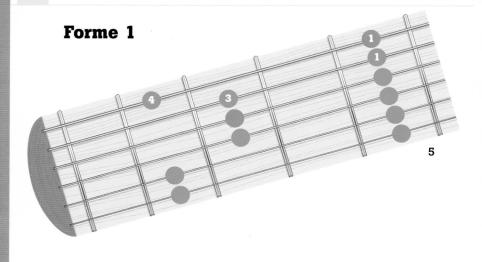

**Forme 4**

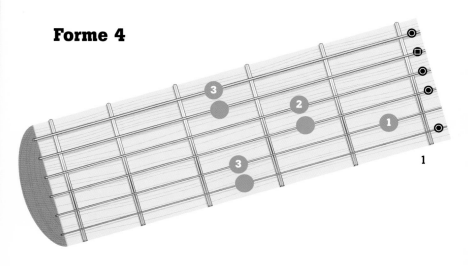

# Gamme blues en A

## Forme 1

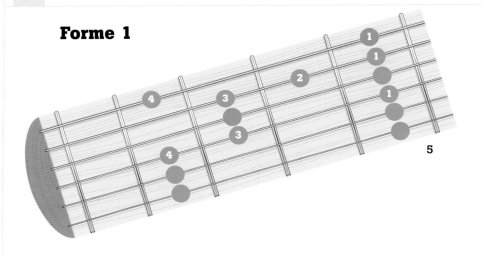

## Forme 4

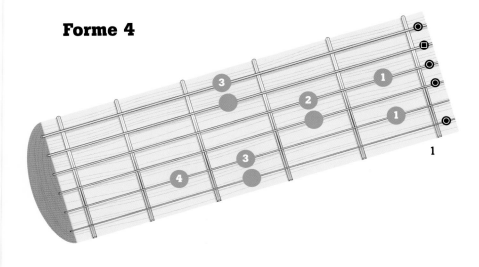

# A#/B♭ majeur

## Forme 1

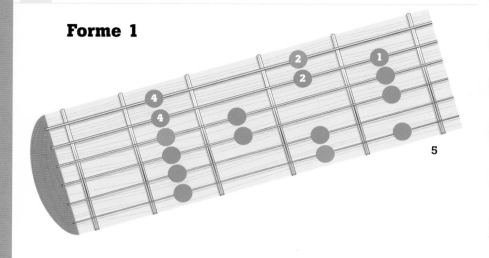

5

## Forme 4

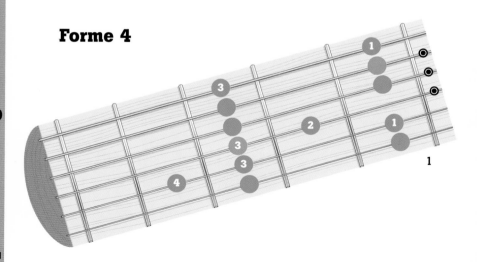

1

# A♯/B♭ mineure naturelle

## Forme 1

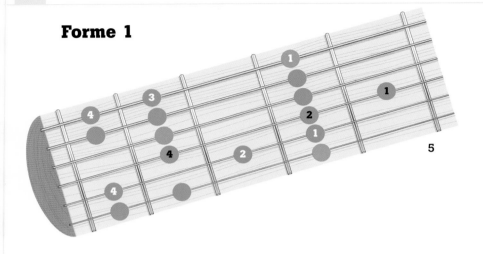

## Forme 4

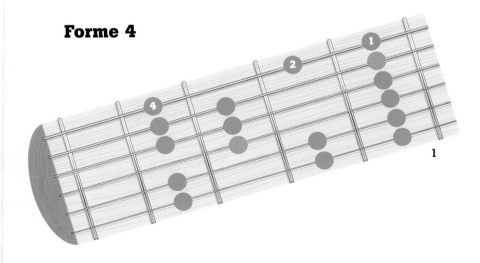

# A#/B♭ mineure pentatonique

## Forme 1

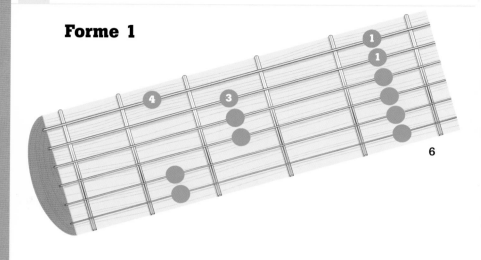

6

## Forme 4

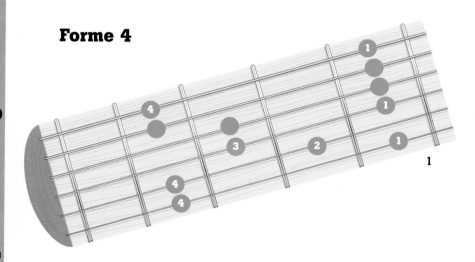

1

# Gamme blues en A♯/B♭

## Forme 1

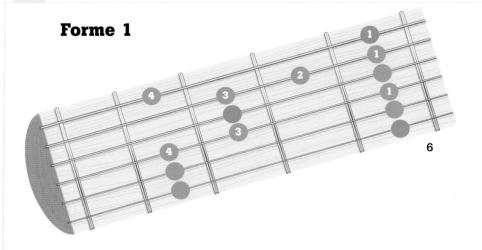

## Forme 4

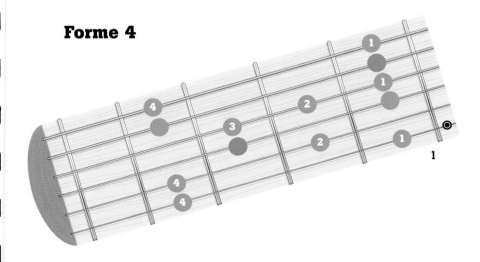

# B majeur

## Forme 1

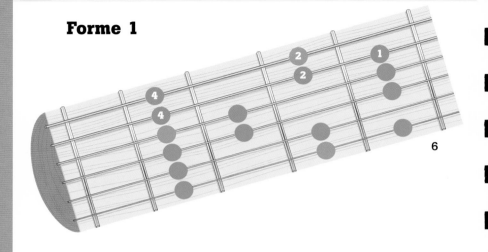

6

## Forme 4

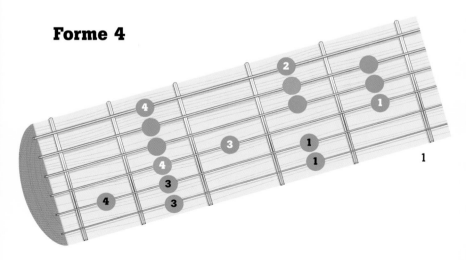

1

# B mineure naturelle

## Forme 1

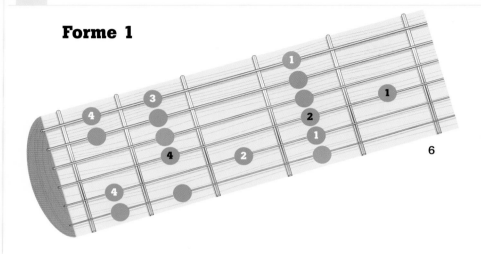

## Forme 4

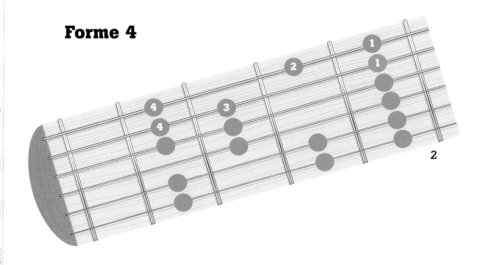

# B mineure pentatonique

## Forme 1

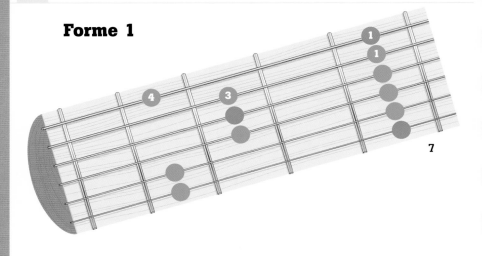

7

## Forme 4

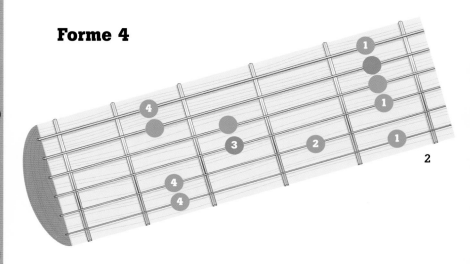

2

# Gamme blues en B

## Forme 1

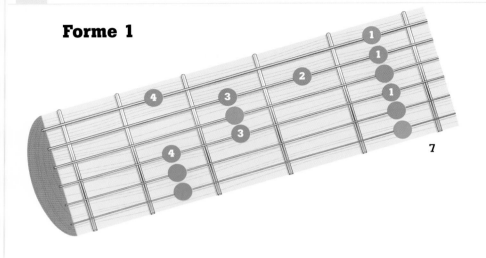

## Forme 4

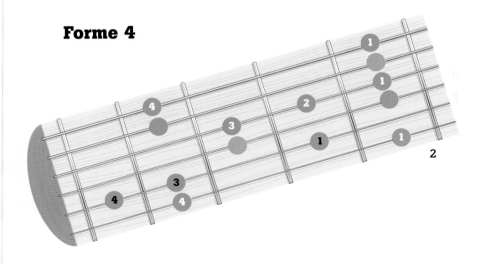

# Guide de l'acheteur

# Fender Telecaster

La Telecaster fut la première guitare électrique à caisse pleine. Elle a vu le jour en 1950 sous le nom de Broadcaster, lequel fut rapidement changé pour Telecaster en 1951, une meilleure idée puisque le nom faisait penser à «télévision» qui était synonyme de technologie de pointe. Elle n'a étonnamment pas cessé d'être commercialisée sous diverses formes depuis.

## Conception

La Tele présente une silhouette ultra simple et est caractérisée par un corps tout d'une pièce, un manche boulonné, deux micros (réglés grâce à un sélecteur à trois positions), un pour le volume et l'autre pour la tonalité.

## Adeptes

Cet instrument d'une grande simplicité a gagné le cœur de bien des adeptes dont les plus connus sont James Burton (guitariste d'Elvis Presley), Jimmy Page (le célèbre solo *Stairway to Heaven* a été enregistré sur une Telecaster), Keith Richards, Joe Strummer, Frank Black (the Pixies), et des guitaristes de jazz comme Mike Stern.

## Fourchette de prix

Fender offre en ce moment un très grand choix de modèles, allant de l'économique Squier à la très chère Custom Shop. La Squier Tele est un excellent modèle pour les débutants et le choix le moins cher. La Standard Tele, fabriquée au Mexique, est plus chère mais représente une excellente valeur. Elle utilise des pièces meilleur marché que celles utilisées par les modèles américains, mais elle est bien meilleure que la Squier. Enfin, la Fender American Series est vraiment le choix par excellence parmi les guitares américaines, mais la qualité a un prix.

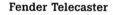

**Fender Telecaster**
*US Series*
*Blonde*

D'autres fabricants font aussi des guitares inspirées de la Tele. La meilleure est la Yamaha Pacifica (modèle 120SJ), un instrument de fabrication impeccable qui vaut amplement le prix qu'on en demande si de ne pas posséder la « vraie guitare » ne vous frustre pas trop.

Les Fender d'occasion ne sont un choix peu onéreux que si elles ont été fabriquées au cours des 15 dernières années. Les modèles plus anciens prennent rapidement de la valeur et les modèles des années 1970 sont maintenant très chers. Les modèles originaux des années 1950 (même en mauvais état) ne sont plus du tout à la portée du musicien moyen.

**Squier Telecaster**
*Bleu métallique*

**Fender Telecaster**
*Standard mexicaine*
*Soleil levant*

# Fender Stratocaster

Avec une silhouette qui est l'icône même de la guitare électrique, la Stratocaster est demeurée pratiquement inchangée depuis son lancement en 1954. La Strat a l'air aussi cool qu'au début du rock'n'roll et, malgré la forte concurrence, elle demeure l'une des guitares les plus vendues dans le monde.

## Conception

Comme la Telecaster (*voir* page 228), la Strat est de conception simple avec un manche boulonné, mais contrairement à la Tele, le dos de la caisse est profilé pour augmenter le confort de l'instrumentiste. Elle peut aussi se vanter d'avoir trois micros simple bobinage capables de fournir une vaste gamme de sons et de passer d'un rythme chatoyant et doux à une envolée exaltante, ce qui fait de la Strat un instrument extrêmement polyvalent.

## Adeptes

Dans la liste des guitaristes qui sont entrés dans la légende et qui ont joué de cet instrument, on retrouve Jimi Hendrix, Eric Clapton, Jeff Beck, Dave Gilmour et Mark Knopfler.

## Fourchette de prix

Fender fabrique maintenant un vaste choix d'instruments. L'échelle de prix à trois niveaux commence avec la Squier, passe aux modèles mexicains (la 'Standard' Strat) et se termine avec l'American Series fabriquée aux U.S.A.

D'autres fabricants offrent aussi des guitares du genre de la Strat; la meilleure est la Yamaha Pacifica (modèles 012 et 112). Ibanez offre également un excellent choix de «Strat» avec le modèle SAS36, lequel présente un excellent rapport qualité prix. La Stratocaster offre le plus grand choix de sons de toutes les guitares électriques, mais avec autant

**Fender Stratocaster**
*US Series*
*Rivage doré*

de modèles et de prix différents, elle peut être la guitare la plus déroutante à acheter. Par conséquent, essayez autant de modèles que vous le pouvez avant d'acheter un instrument afin d'être certain de trouver celui qui vous convient.

**Fender Stratocaster**
*Standard mexicaine*
*Bleu électro*

**Squier Stratocaster**
*Rouge métallique*

# Gibson Les Paul

La Gibson Les Paul est l'une des guitares à caisse pleine les plus reconnaissables. Sa silhouette caractéristique, à pan coupé unique, est demeurée pratiquement inchangée depuis plus d'un demi-siècle.

## Conception

Avec une caisse à silhouette plus épaisse, la Les Paul est plus lourde que la Strat (*voir* page 230), et cette caractéristique, quand on la combine aux deux micros de type *humbucker* dont les modèles standard et custom sont équipés, donne à cet instrument un son épais distinctif avec beaucoup de tenue, comme le décrit Nigel Tufnel de Spinal Tap : «Elle est reconnue pour sa tenue, waaaaaaah, vous pouvez aller manger un morceau, waaaaaaah et vous l'entendrez encore!»

## Adeptes

De nombreux pionniers de la guitare y sont demeurés fidèles durant toute leur carrière, parmi eux mentionnons Jimmy Page, Peter Green, Gary More, Paul Kossoff, Slash et Al DiMeola.

## Fourchette de prix

Gibson offre aussi des versions économiques de ses modèles les plus vendus. Ceux-ci sont fabriqués en Extrême-Orient sous le nom d'Epiphone. L'Epiphone Les Paul offre un excellent rapport qualité prix puisqu'elle coûte une fraction de ce que vous débourseriez pour une Gibson Les Paul standard fabriquée aux U.S.A. Gibson ne fabrique pas de modèle de milieu de gamme comme la Fender Standard Series mexicaine.

Pour ceux et celles qui cherchent autre chose, il vaut la peine de jeter un œil aux guitares de style Les Paul de ESP, Godin et Gretsch.

**Gibson Les Paul**
*Thé glacé*

*Guide de l'acheteur* **Dix guitares**

# Gibson SG

Avec la SG (abréviation de Solid Guitar : guitare à corps plein), Gibson tentait de déclasser la Fender Strat, qui était la guitare la plus vendue au début des années 1960. Le modèle Les Paul avait un désavantage majeur : la difficulté d'avoir accès aux frettes supérieures comparativement à la Strat. C'était aussi une guitare très lourde au corps épais.

## Conception

La conception de la SG offrait un double pan coupé, une guitare à caisse mince qui rivaliserait avec la Strat pour la première place. Elle ne devait malheureusement jamais atteindre ses objectifs de vente. Elle continue cependant de se vendre de façon régulière et est toujours offerte depuis son lancement en 1961. La SG est une guitare grossière de bonne qualité, idéale pour jouer du gros rock'n'roll sans subtilité.

## Adeptes

Parmi les guitaristes célèbres qui l'ont utilisée, mentionnons Angus Young (AC/DC), Toni Iommi (le guitariste de Black Sabbath qui a inventé le *heavy metal*), Eric Clapton (durant la période de Cream) et Frank Zappa.

## Fourchette de prix

À cause de sa conception de type corps mince, la SG est facile à fabriquer et par conséquent, elle est l'une des guitares électriques Gibson les moins chères. Si votre budget ne vous permet pas de vous offrir une Gibson, allez voir l'Epiphone modèle SG310. Elle offre un excellent rapport qualité prix et est équipée d'une caisse en bois d'aulne et d'un manche en acajou pour un très bas prix.

**Gibson SG**
*Standard*
*Cerise*

# Gibson ES-175

La ES-175 a vraiment été la toute première guitare électrique conçue par Gibson qui l'a commercialisée en 1949 ; après la L5, elle est probablement la guitare de jazz la plus célèbre du monde et elle est toujours fabriquée aujourd'hui.

## Conception

Sa caisse étant creuse, on dit souvent de cette guitare électrique qu'elle est à moitié acoustique puisqu'on peut s'en servir sans amplificateur (bien qu'elle produise un son plutôt discret). Le préfixe ES veut dire «Electric Spanish», bien que l'instrument ne ressemble pas beaucoup à sa cousine espagnole tant sur le plan du son que sur celui de la silhouette. Sa caractéristique semi-acoustique lui donne un son chaud et moelleux, ce qui en fait le choix idéal pour le guitariste de jazz.

## Adeptes

La ES-175 est l'instrument de beaucoup de grands guitaristes de jazz célèbres dans le monde entier : Wes Montgomery, Pat Metheny, Joe Pass, Pat Martino et Herb Ellis sont en tête d'une liste qui comprend de légendaires disciples de la 175.

## Fourchette de prix

La fabrication des guitares à corps creux est beaucoup plus complexe et cela se reflète sur le prix. Bien que la ES-175 soit la guitare de jazz économique de Gibson (la surface est en contreplaqué plutôt qu'en véritable bois), elle se vend plus chère que la Les Paul Custom haut de gamme. Quoi qu'il en soit, Epiphone fabrique aussi un modèle ES-175 à prix très raisonnable qu'il vaut la peine d'évaluer.

Des fabricants comme ESP et Gretsch commercialisent aussi d'excellents modèles semi-acoustiques, mais la palme va à Ibanez qui fabrique un grand nombres de Jazz semis, à commencer par le modèle AF75, étonnamment peu cher.

**Gibson ES-175**
*Soleil levant*

# Gibson ES-335

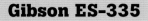

Bien que la ES-335 porte le préfixe
«Electric Spanish» propre a Gibson,
elle est en fait de conception hybride et
était une sérieuse entorse à la tradition
à sa première sortie de l'usine, en 1958.

## Conception
Le corps de la 335 est très mince pour
une semi-acoustique étant donné qu'il
y a un bloc de bois massif dans sa
caisse au niveau des micros, pour
réduire les problèmes de *feedback*
propres aux semi acoustiques.

   La 335 offre le supplément de chaleur et de profondeur propre aux guitares semi-acoustique à caisse complète, mais avec la polyvalence et la
capacité sonore des guitares à corps
plein. Voici une guitare extrêmement
polyvalente capable de fournir un
éventail complet de sons allant de
la chaleur du jazz et du blues aux
envolées corrosives.

## Adeptes
Les guitaristes célèbres ayant utilisé
une 335 appartiennent à un grand
nombre de styles allant du rock'n'roll
au blues en passant par le jazz fusion,
Chuck Berry, George Harrison, BB King,
Lee Ritenour et Larry Carlton sont
du nombre.

## Fourchette de prix
Légèrement moins chère que la ES-
175, la ES-335 est tout de même un
achat coûteux si vous choisissez le
modèle Gibson original. Optez pour
une Epiphone, dont les nombreux
modèles comparables sont excellents si vous désirez un de ces
très convoités instruments, mais
ne voulez pas dépenser ce qu'il
vous en coûterait pour acheter
une bonne voiture d'occasion.

   Washburn (HB32) et Yamaha
(SA500) fabriquent aussi des guitares
cool de type 335 qui méritent considé-
ration si vous cherchez un instrument
semi-acoustique polyvalent.

**Gibson ES-335**
*Érable flambé*

# Freeway Classic

La Freeway Classic est la première guitare cutaway double conçue par Godin
depuis plusieurs années. La formule de
base est du Godin classique : une machine polyvalente pour le blues/rock avec
une qualité de fabrication haut de
gamme et un prix terre-à-terre.

Les manches en érable dur de Godin
sont réputés dans l'industrie de la guitare pour l'exceptionnelle sensation
qu'ils procurent et pour leur tenue de
note impressionnante. Le manche de
la Freeway comporte un diapason de
25 po, la forme ergo-cut de Godin et
des frettes médiums jumbos. La stabilité
du manche est assurée par un système
tendeur tirant à double action capable
d'ajouter et d'enlever de la tension dans
le manche. La caisse est constituée d'un
bloc central d'érable argenté avec des
ailes légères en peuplier. L'érable argenté est un bois qui produit une excellente
tonalité et qui a un poids et une densité
comparable à l'acajou. La tonalité cha-
leureuse de l'érable argenté s'agence à
perfection avec le manche d'érable dur.
Chaque manche est parfaitement joint à
la caisse, bois contre bois, sans peinture
et sans colle, pour qu'il y ait un maximum de transfert d'énergie entre les
deux pièces. Par contre, la sonorité de
l'érable argenté n'a pas que des qualités
car c'est un bois lourd ! Pour équilibrer
la guitare et atteindre un poids confortable, le bloc central d'érable argenté est
flanqué d'ailes légères de peuplier. Ceci
produit une guitare légère et confortable
qui résonne comme une guitare lourde.

La configuration de micros Godin,
humbucker-simple-humbucker, va chercher le maximum de la réponse acoustique de la Freeway. Un interrupteur double à cinq positions et les boutons de
volume et de tonalité permettent de con-
trôler les micros (voir le diagramme).

La Freeway Classic est offerte en
Flame Maple leaftop avec Light Burst et
Trans Blue avec un choix de touche en
érable ou en palissandre.

Freeway
Classic

# Guitare acoustique à cordes métalliques

La guitare acoustique à cordes métalliques a évolué depuis celle que fabriquait la société C. F. Martin au milieu du XVIIIe siècle. Cette société américaine renommée fabrique encore aujourd'hui ses prestigieuses acoustiques. La guitare acoustique à cordes métalliques est probablement la première guitare qui nous vient en tête quand on veut en acheter une. Malheureusement, jouer avec les modèles d'entrée de gamme peut être, à vrai dire, assez difficile parce que les cordes métalliques sont trop éloignées de la touche et trop grosses. Néanmoins, la plupart des boutiques de guitares offrent un réglage gratuit lorsque vous en achetez une, alors demandez qu'on abaisse les cordes et offrez de payer la pose de nouvelles cordes plus fines. L'employé vous dira probablement qu'on ne met pas de cordes de faible épaisseur sur une guitare acoustique, mais il n'est pas nécessaire de rendre le processus d'apprentissage plus difficile qu'il ne l'est. Souriez-lui d'un air entendu et dites que les grosses cordes sont pour les pros.

**Yamaha DW7**

## Fourchette de prix

Si vous désirez un instrument avec lequel il est agréable de jouer et qui reste accordé, une guitare à cordes métalliques ne coûtera pas beaucoup moins chère qu'une guitare électrique. Elle sera cependant plus polyvalente (on peut jouer avec le plectre ou avec la technique du *fingerstyle*) et plus facilement transportable, sans compter qu'il est plus facile de la prendre et d'en jouer, ce qui veut dire que vous exercez probablement  davantage.

Les meilleures guitares acoustiques à cordes métalliques à bas prix sont les Fender CD60 et CD100, Yamaha F310 et Epiphone AJ100. Ce sont des guitares à corps large de type « dreadnought » conçues pour produire un gros son. Si une guitare à corps large ne vous intéresse pas, choisissez un modèle de type « parlour-size » ou « folk-bodied ». Il vaut aussi la peine de jeter un œil à la Daisy Rock Pixie ou à la Yamaha FS720.

# Hybrid CW LaPatrie

La guitare Hybrid CW est la guitare avec cordes de nylon pour le musicien moderne qui, comme la majorité d'entre nous, n'est pas nécessairement un guitariste classique. Comme son nom le suggère, la Hybrid est une guitare aux origines multiples, d'une part inspirée de la tradition des guitares à cordes de nylon et de l'autre, du désir de combler les besoins du guitariste d'aujourd'hui. Fabriqué à la main à La Patrie, au Québec, ce petit bijou aux cordes de nylon et à la sonorité douce a une table de cèdre massif, un dos et des éclisses d'acajou, un manche d'acajou et une touche de palissandre avec une largeur de sillet classique de 51 cm. Ce n'est toutefois pas parce qu'elle possède un sillet classique qu'elle donnera une impression classique, car la nouvelle touche profilée permet un jeu plus rapide et un niveau de confort rarement égalé sur une touche classique standard. À part le confort de la touche profilée, la guitare Hybrid donne accès à toutes les frettes avec sa caisse de type à pan coupé… et quelle caisse ! Elle est offerte avec un fini noir ultra brillant ou un fini époustouflant light burst ultra brillant. Parmi les autres détails esthétiques, notons la bordure de couleur crème, une rosace détaillée et une tête de manche profilée finie à la main.

Comme avec tous les modèles acoustiques de la famille Godin, seul un fini de laque véritable est appliqué, permettant à la table de respirer et de vibrer sans entraves. Cette assurance dans l'application d'une laque véritable produit une guitare qui s'améliorera avec l'âge. Avec le temps, plus l'instrument est utilisé, meilleure sera sa sonorité.

Pour le musicien professionnel, la guitare Hybrid CW est équipée du système électronique Quantum II de Godin et est vendu avec l'étui innovateur TRIC, une protection thermique et sécuritaire.

**Hybrid CW LaPatrie**

# Songsmith

Fabriquée avec soin au Canada par les Guitares Godin de Montréal, la Songsmith de S&P offre une valeur incroyable, une fabrication impeccable et un son qui poussera les guitaristes et auteurs-compositeurs débutants à actualiser cette chanson qui mijote dans leur tête.

Offerte en modèle dreadnought et folk, les guitares Songsmith sont composées de dos et d'éclisses de cerisier sauvage et de tables d'harmonie d'épinette massive testées pour la pression, produisant un son très sensible et bien équilibré. Le procédé selon lequel chaque table est testée, assure que seules les tables de meilleure qualité sont choisies. Celles qui démontrent une raideur et une rigidité exceptionnelles produiront un niveau de vibration harmonique optimal. Les manches confortables des guitares Songsmith sont fabriqués à partir d'érable argenté et agrémentés du nouveau système de manche intégré fixe qui augmente la stabilité de l'instrument lors des changements de climat. Parmi les autres caractéristiques, notons l'allure vintage que lui confère un fini de vernis semi-brillant burst, une rosace de bois incrusté, une tête de manche profilée, un filet double couleur crème, un tendeur-tirant à double fonction et des sillets de tête et de chevalet Tusq, dont ce dernier est entièrement compensé.

**Songsmith**

# Dix accessoires indispensables

Lorsque que vous aurez acheté votre guitare, vous vous rendrez rapidement compte qu'un accessoire ou deux feraient plutôt bien l'affaire. Pour vous éviter de dépenser inutilement votre argent si chèrement gagné, les dix accessoires pour guitare les plus utiles sont énumérés ci-dessous. Certains d'entre eux ne sont pas indispensables, mais d'autres le sont comme l'accordeur. Fini le temps où vous receviez des chaussettes en cadeau. Vous n'avez qu'à en glisser un mot à votre famille et aux amis à l'approche de Noël ou de votre anniversaire.

### Étui

*Aujourd'hui, la plupart des guitares sont offertes avec une housse qui ne la protégera pas beaucoup. Les étuis en fibre de verre sont légers et des plus résistants, et si vous prenez l'avion, ils sont indispensables. Il vaut aussi la peine de jeter un œil aux gig bags de toutes sortes qui sont maintenant offerts. Ils permettent de transporter votre guitare sur le dos comme un sac à dos, facilite les déplacements.*

Gig bag

*Bas de gamme*

*Haut de gamme*

*Milieu de gamme*

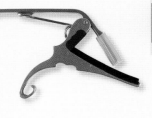

*Étui en fibre de verre*

### Capodastre

*Ce petit dispositif pratique est merveilleux pour changer la tonalité d'un jeu aux doigts comportant des cordes à vide et est utilisé aussi bien pour la guitare acoustique que pour la guitare électrique. Une solution intéressante si vous avez l'intention de vous accompagner en chantant. Le «capo» simplifie le changement de tonalité.*

### Sangle

*Si l'idée de travailler comme musicien vous emballe, achetez une sangle de qualité. Une sangle de piètre qualité s'étirera et vous ne pourrez bientôt plus vous y fier pour tenir votre précieuse guitare.*

### Cordes de rechange

*Il est certain qu'un jour ou l'autre une corde se brisera, et comme il n'y a rien de pire que de ne pas avoir de corde de rechange, achetez-en tout de suite un paquet.*

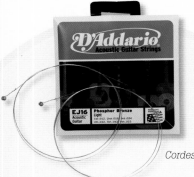

*Cordes pour guitare électrique*

*Cordes pour guitare acoustique*

### Cordon de raccordement

*Bien sûr vous n'en aurez pas besoin si vous jouez exclusivement de la guitare acoustique. Si vous venez tout juste d'acheter une «ensemble de débutant», débarrassez-vous des cordons de piètre qualité et optez pour quelque chose de mieux. Bien que les cordons de bonne qualité ne se donnent pas, la qualité du signal est de beaucoup supérieure et ils dureront des années.*

## Pupitre à musique

*Quand vous en aurez un, vous vous demanderez comment vous avez fait pour vous servir si longtemps du bras du canapé pour tenir vos feuilles. Optez pour un modèle repliable qui se range facilement pour le transport.*

## Entretien de la guitare

*Au minimum, vous aurez besoin d'un chiffon pour essuyer les cordes de la guitare après vous en être servi, ce qui prolongera leur durée et empêchera l'accumulation de saleté. Un grand choix de produits s'offre à vous: poli, nettoyant pour la touche, produits d'entretien pour les cordes, chiffons, tourne-mécaniques (pour faciliter les changements de cordes), tous conçus pour vous aider à conserver votre guitare en parfait état.*

*Tourne-mécanique*

### Métronome

*Ce n'est peut-être pas l'achat le plus excitant, mais certainement le plus sage. En exerçant régulièrement avec un métronome, vous affinerez rapidement votre sens du rythme.*

*Métronome numérique*

*Métronome moderne*

*Métronome classique*

### Accordeur

*Ce petit accessoire pratique est absolument indispensable. Si vous n'achetez qu'un seul article dans cette liste, assurez-vous que ce soit un accordeur. La plupart des accordeurs sont automatiques aujourd'hui, par conséquent tout ce que vous avez à faire est de vous brancher et de vous accorder. Comme les prix ont chuté considérablement ces dernières années avec le flots de marchandises en provenance d'Extrême-Orient, ils ne sont plus trop chers.*

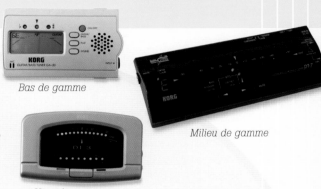

*Bas de gamme*

*Milieu de gamme*

*Haut de gamme*

### Support pour guitare

*Déposer votre guitare sur un support au lieu de la glisser sous le lit dans son étui vous donnera envie de exercer plus souvent. Vous n'avez qu'à la prendre et à commencer à jouer (vous vous demanderez pourquoi vous n'y avez jamais pensé avant).*

*Support pour guitare en forme de A*

*Support traditionnel pour guitare*

# Choisir un amplificateur

Un amplificateur (on dit aussi ampli) peut transformer le son faible non amplifié d'une guitare électrique en un rugissement stupéfiant. Mais ce qui est plus important est qu'il détermine la tonalité et la texture du son.

Lorsque les premières guitares électriques sont apparues, la technologie de l'heure était la lampe, par conséquent tous les premiers amplis étaient à lampe. Cette technologie a eu du succès parce que l'ampli à lampe produit un son plus chaud et plus musical. Il réagit au plectre d'une manière qui lui est propre et qu'un ampli à transistors ne peut égaler. Il offre aussi une meilleure réponse en ce qui a trait au réglage du volume.

Pourtant, vous n'avez pas besoin de dépenser une fortune pour être l'heureux propriétaire d'un ampli à lampe original des années 1970 ou même de la fin des années 1960. Bien qu'ils augmentent rapidement, les prix n'ont pas rattrapé ceux des guitares de cette époque. Vous pouvez encore faire de bonnes affaires dans l'occasion. Si vous achetez un ampli d'un particulier, assurez-vous de le faire vérifier par un ingénieur qualifié, car les amplis peuvent produire une décharge de haute tension mortelle.

Si le marché de la guitare est dominé par les États-Unis, celui des amplificateurs n'est pas aussi clairement défini. Fender fabrique des amplis au son plus net qui conviennent davantage au jazz, au blues et au country. Dans les années 1960, deux importantes sociétés britanniques ont fait leur apparition : Vox (que les Beatles ont rendue célèbre – ils n'utilisaient que le Vox) et Marshall (que Jimi Hendrix, Jimmy Page et beaucoup d'autres ont rendue populaire). Ces trois sociétés fabriquent maintenant des amplis à lampe et des amplis à transistors. Il existe aussi de nombreuses entreprises de moindre importance qui fabriquent à la main des amplis à lampe chers qui demeurent fidèles à la conception originale des années 1950.

### Le stack

*Le* stack *de* Marshall *est l'une de ces images évocatrices associées à la guitare électrique. Jimi Hendrix jouant avec les dents, Ritchie Blackmore amorçant l'intro de* Smoke on the Water, *Billie Joe Armstrong braillant un hymne punk rock, ce sont là des moments marquants du rock'n'roll qui ont eu pour décor un mur de* Marshall stacks. *Si cool soient-ils, cependant, à moins que vous n'ayez de l'argent à lancer par les fenêtres ou votre propre homme à tout faire en tournée, ce n'est pas un choix très pratique.*

### Le combo

*L'amplificateur combo est apparu dans le années 1950. Il est plus petit que le stack puisque l'ampli et les haut-parleurs sont dans le même compartiment. Tous les grands fabricants offrent une vaste gamme d'amplis combo, des petits amplis d'exercice aux éreintants monstres de 100 watts. Si vous rêvez d'un ampli à lampe, vous vous devez de jeter un œil à l'Epiphone Valve Junior. Cet ampli est très intéressant, et bien qu'il ne développe que 15 watts, il est PUISSANT!*

### Ampli modélisé/logiciel

*Au cours des dix dernières années, les logiciels d'ampli modélisé (comme l'excellent Guitar Rig de Native Instruments) sont devenus très populaires. Autrement, les processeurs d'effets autonomes pour guitare (ils n'ont pas de haut-parleurs et doivent être branchés sur un ampli externe), comme le superbe POD XT Line 6, n'ont pas besoin d'un ordinateur hôte. Les deux types de dispositifs sont conçus pour enregistrer; il n'est pas nécessaire de monter le volume d'un ampli au point de déranger les voisins pour obtenir un bon son. La plupart des guitaristes évitent cependant les processeurs d'effets quand ils jouent live parce qu'ils sont trop capricieux à utiliser.*

### L'ampli-casque pour guitare

*Il y a d'excellents amplificateurs-casques sur le marché de nos jours. Ces gadgets de poche sont capables de modéliser le son d'une multitude d'amplificateurs en plus de contenir une drum machine, un accordeur et même une fonction Time Stretch pour ralentir ces licks difficiles à jouer! Si vous voulez vous exercer seul sans déranger personne, ces petits gadgets méritent que vous vous y intéressiez. La super série Pandora de Korg offre un rapport qualité prix particulièrement intéressant et comprend toutes les caractéristiques ci-dessus.*

# Plectres

À moins que vous ne choisissiez de jouer avec les doigts (technique du *fingerstyle*), le plectre, aussi appelé médiator, sera le principal outil avec lequel vous extrairez les sons de votre instrument. Ce petit objet triangulaire aux coins arrondis (traditionnellement en écaille mais maintenant en plastique) présente différentes formes et est de dimensions diverses. Il est très important de choisir le bon plectre pour que votre guitare sonne bien. Les plectres plus épais sont plus difficiles à utiliser mais donnent une sonorité plus pleine. En revanche, les plectres minces sont plus faciles à manipuler mais produisent un son moins nourri. La plupart des guitaristes choisissent le plectre d'épais-seur moyenne pour sa sou-plesse (les plectres sont souvent classés par épaisseur, mince, moyen ou épais, bien que les fabricants offrent un grand choix d'épaisseurs allant de 0,38 mm à 1,5 mm). Cependant, ce ne sont pas tous les guitaristes qui utilisent le plectre de type courant. Beaucoup de musiciens célèbres ne jouent qu'avec des plectres et du matériel non conventionnels (le feutre, le métal et la pierre ne sont pas rares). Brian May (de Queen) ne jure que par sa pièce de six pen-nies en argent ! Vous trouverez, ci-contre, quelques-uns des modèles les plus courants. Si vous ne savez trop lequel choisir, le on vieux plectre en plastique d'épaisseur moyenne ne vous décevra pas.

## Tenir le plectre

Le plectro doit être tenu fermement entre le pouce et l'index, avec la partie la plus fine pointant vers les cordes de la guitare. Ne donnez que des coups vers le bas pour commencer, c'est-à-dire en pinçant les cordes de haut en bas. Beaucoup de guitaristes fixent solidement la main droite sur la plaque de protection (le corps de la guitare) en se servant de l'annulaire ou de l'auriculaire comme appui. De cette façon, la main ne bouge pas et vous n'avez pas besoin de la regarder constamment (ce que vous ne devriez jamais faire ; alors ne prenez pas de mauvaises habitudes).

### Plectre en plastique de type courant

*Offert en de nombreuses épaisseurs convenant à tous les styles et idéal pour les débutants. Beaucoup présentent une surface adhérente à la base du plectre.*

### Plectre en forme de larme

*Ce plectre étant plus petit que celui de forme courante, il peut être plus difficile à utiliser. Le plectre épais est le favori des guitaristes de jazz.*

### Plectre en inox

*Populaire auprès des guitaristes rock metal, on choisit ce plectre pour le son violent et son attaque explosive. Attention qu'il n'use prématurément les cordes ou même n'endommage l'aspect lustré de la guitare !*

## Plectre de fortune

Vous trouverez ci-dessous trois gabarits avec lesquels vous pourrez fabriquer vos propres plectres. Découpez-les et reproduisez-en la forme sur le matériau que vous aurez choisi pour tracer une ligne de coupe. En situation d'urgence, vous pourriez toujours prendre votre carte de crédit (l'épaisseur et le matériau sont parfaits) et vous en tailler un.

## Plectre en forme de nageoire de requin

*Sa forme peu commune lui donne son nom. Beaucoup de guitaristes préfèrent cette forme suggestive et frappante. On peut frapper les cordes avec le bout lisse ou le bout dentelé.*

## Plectre en forme de triangle équilatéral

*Offert en différentes grosseurs et épaisseurs, bien des guitariste préfèrent ce type de plectre parce qu'on peut pincer les cordes avec n'importe lequel des côtés.*

## Trucs du métier

Rappelez-vous de bien vous servir de l'annulaire et de l'auriculaire pour «asseoir» solidement la main sur la plaque de protection de la guitare. Cette technique empêche le plectre de s'éloigner des cordes.

# Glossaire

**à contretemps** Normalement (en 4/4), les contre-temps tombent entre chaque temps. En comptant avec l'ajout du + (ou en ajoutant «et») entre chacun des temps, il est plus facile de trouver le contretemps avec précision. Une mesure de 4/4 se compterait donc ainsi : un et deux et trois et quatre et.

**accord barré** Accord qu'on peut déplacer sur le manche sans bouger les doigts et qui se forme en posant l'index sur toute la largeur du manche et les trois autres doigts sur les cases correspondant à l'accord recherché. Les barrés les plus courants sont de type 1 (basé sur un accord de E ouvert) et de type 2 (basé sur un accord de A ouvert).

**accord de puissance** Accord de deux notes, propre à la guitare, comportant une fondamentale et une quinte. On double parfois la fondamentale une octave plus haut pour créer un son plus puissant. Puisqu'un accord de puissance ne comprend pas de tierce, il n'est ni majeur ni mineur. Le chiffre «5» est alors utilisé pour indiquer qu'il s'agit d'un accord de puis-sance (c.-à-d. C5 = accord de puissance de C).

**accord de septième de dominante** Accord majeur (triade) avec une quatrième note ajoutée une tierce mineure au-dessus de la quinte, ce qui produit un intervalle de septième mineure depuis la fondamen-tale. L'accord se construit (diatonique) sur le cin-quième degré (V ou dominant) de la gamme majeure et se résout naturellement dans l'accord du premier degré (I ou tonique). On dit qu'il s'agit d'un accord dissonant à cause de la quinte diminuée située entre la tierce majeure et la septième mineure.

**accord majeur** L'accord majeur est le plus conso-nant (le plus stable). Il s'agit d'une triade composée des premier, troisième et cinquième degrés de la gamme majeure. On le décrit souvent comme un accord au son «joyeux».

**accord mineur** L'accord mineur est légèrement moins consonant (moins stable) que l'accord majeur à cause du rapport entre sa tonique (sa note la plus grave) et sa tierce mineure. Il est composé des pre-mier, troisième et cinquième degrés de la gamme mineure harmonique. On le décrit souvent comme un accord triste.

**accord ouvert** Accord joué à la première position et utilisant des cordes à vide. Les cinq principales formes d'accords ouverts sont : C, A, G, E et D. En général, les accords ouverts ne sont pas polyvalents.

**accord polyvalent** Accord non ouvert sans corde à vide et qui peut être joué n'importe où sur le manche. Ils sont extrêmement utilisés puisqu'ils permettent au guitariste de jouer dans différentes tonalités.

**accords primaires** Ce sont les trois accords ma-jeurs que comporte tout ton majeur et qui se cons-truisent avec les premier (I ou tonique), quatrième (IV ou sous-dominante) et cinquième (V ou domi-nante) degrés de la gamme majeure.

**amorti** On amortit une ou plusieurs cordes en relâ-chant la pression des doigts sur les cases ou en touchant les cordes de la paume de la main qui pince les cordes près du chevalet.

**arpège** Accord exécuté en égrenant toutes les notes par opposition à un accord dont toutes les notes sont jouées d'un seul coup. Un outil précieux pour créer des mélodies et improviser.

**back beat** Terme utilisé pour décrire l'accentuation du deuxième et du quatrième temps (dans un 4/4) en musique populaire. C'est généralement le batteur qui marque l'accentuation (avec la caisse claire), mais la guitare rythmique vient aussi appuyer la batterie.

**chevilles** Pièces situées sur la tête de la guitare qui servent à tendre les cordes. Chaque corde s'enroule autour d'une cheville, ce qui permet de l'accorder.

**consonance** Désigne la cohérence d'un ensemble de sons entendus simultanément et produisant une impression de stabilité. On se sert d'un intervalle ou d'un accord consonant pour libérer la tension créée par des accords ou des intervalles dissonants.

**diatonique** Se dit de toute note, intervalle ou accord qui survient naturellement dans le ton majeur ou mineur (c.-à-d. sans qu'une note de la gamme n'ait besoin d'être altérée par un bémol, un dièse ou une naturelle).

**dissonance** Le contraire de consonance : désigne la discordance d'un ensemble de sons, accord ou intervalle, donnant une impression d'instabilité. On l'utilise pour produire un certain mouvement harmonique créé par la nécessité d'une résolution.

**fingerpicking** Désigne la technique qui consiste à pincer les cordes avec les doigts plutôt qu'avec un plectre. Une technique populaire quand on joue en solo puisqu'il est plus facile de jouer simultanément la mélodie et l'accompagnement.

**gamme** Suite ascendante ou descendante des sept notes (gamme majeure) comprises dans l'intervalle d'une octave constituée de tons et de demi-tons. Cette suite peut être plus courte (les cinq notes de la gamme pentatonique) ou plus longue (la gamme diminuée de huit notes).

**ghosted strumming** Pratique consistant à lever le plectre des cordes tout en maintenant son mouvement de va-et-vient, et donc à plaquer ou à ne pas plaquer l'accord selon le cas. Faire ainsi en sorte que la main bouge régulièrement de bas en haut et de haut en bas donne beaucoup plus de force au rythme.

**hammer-on** Technique qui consiste à ne pincer que la première de deux notes situées sur la même corde, la deuxième ne s'entendant que par le martèlement de sa case avec le doigt. Si la première note n'est pas une corde à vide, on doit laisser le doigt sur la case tout au long du processus.

**hybrid picking** Technique d'abord développée par Merle Travis, le guitariste country. Elle consiste à pincer une corde plus haute en même temps qu'une note frappée avec le plectre. On obtient de meilleurs résultats avec le majeur (m) ou l'annulaire (a).

**legato** Signifie littéralement jouer délicatement ou de façon liée. Les guitaristes y parviennent en exécutant successivement des *hammer-on* et des *pull-off*.

**micros** Ils sont situés sous les cordes, sur la caisse d'une guitare électrique, et captent leur vibrations. Dispositifs électromagnétiques fonctionnant essentiellement comme des microphones, ils convertissent les vibrations de chacune des cordes en signal électrique, lequel est ensuite amplifié par l'amplificateur de la guitare, aussi appelé ampli.

**pincement** Fait de jouer deux notes simultanément, généralement avec le pouce et un autre doigt. On peut obtenir le même effet en *hybrid picking*.

**portée** Ensemble des cinq lignes horizontales qui portent la notation musicale conventionnelle. Des signes particuliers indiquent la longueur des notes ou des silences.

**positions** (p.ex. la troisième position) Position de la main gauche sur la touche. Quand on joue à la première position, l'index joue toutes les notes des premières cases, le majeur toutes les notes des deuxièmes cases et ainsi de suite. Par conséquent, pour la troisième position, la main se déplace vers le haut du manche et l'index joue maintenant toutes les notes des troisièmes cases, le majeur les notes des quatrièmes cases et ainsi de suite.

**pull-off** On exécute un *pull-off* quand on pince seulement la première de deux notes sur la même corde. On produit la deuxième note en faisant culbuter le doigt légèrement de côté au moment de le soulever. Si la deuxième note n'est pas une corde à vide, on doit laisser le doigt sur la case tout au long du processus.

**riff** Ostinato, procédé musical consistant à répéter une courte formule rythmique d'au plus deux mesures généralement et souvent joué avec les cordes graves. L'intro de *Smoke On The Water* constitue probablement le meilleur exemple connu de *riff*.

**slide** On exécute un *slide* en ne pinçant que la première note et en faisant glisser ensuite le doigt vers le haut ou le bas de la touche. Le doigt doit maintenir la pression sur la case quand il glisse sans quoi la deuxième note serait inaudible.

**slur** Signe de liaison qui se trouve au-dessus ou au-dessous des notes sur la portée (une ligne courbe) et indique un legato (les notes doivent se succéder sans interruption sonore). Les guitaristes exécutent des legatos quand ils utilisent successivement des *hammer-on* et des *pull-off*.

**syncope** Accentuation des temps faibles pour créer un rythme intéressant. Les temps faibles tombent sur les deuxième et quatrième temps (dans un 4/4) ou à contretemps entre les temps principaux.

**tablature** À l'origine, à la Renaissance, elle servait à noter la musique pour luth. Il s'agit d'une forme simplifiée de notation qui indique à quel endroit la note doit être jouée sur la touche. Elle n'indique ni la durée des notes ni les silences.

**three-chord trick** Processus qui consiste à créer tout l'accompagnement d'une chanson en utilisant les trois accords primaires 1 (tonique), IV (sous-dominante) et V (dominante). Beaucoup de chansons populaires sont basées sur ces trois accords puisqu'ils représentent le principal mouvement harmonique de l'harmonie occidentale.

**ton/demi-ton** Unité de base par laquelle on mesure la distance entre deux notes. Un ton équivaut à un degré (deux cases), un demi-ton à un demi-degré (une case).

# Index

# Légende

Pour une consultation rapide des symboles et des termes utilisés dans les répertoires d'accords et de gammes, ouvrez ce rabat pratique.

# Répertoire d'accords

⊗ Corde à vide non jouée dans l'accord.

◉ Corde à vide jouée dans l'accord.

▣ Fondamentale à vide jouée dans l'accord.

① Indique l'emplacement de la note sur la touche et quel doigt devrait la jouer. La coloration rouge signifie que la note n'est pas une fondamentale et que, par conséquent, elle ne donnera pas son nom à l'accord.

① Indique la position des doigts sur le manche (le numéro indique quel doigt devrait être utilisé) et aussi que la note jouée est une fondamentale.

① Une ligne traversant deux cordes ou plus est un barré et signifie que ces deux cordes ou plus sont simultanément bloquées à l'aide d'un seul doigt.

3 Le nombre sous la première frette illustrée indique à quelle hauteur se situe l'accord sur le manche. 1 représente la première frette. Un nombre plus élevé signifie que l'accord est joué plus haut sur le manche.

(2) ① Un autre doigté est parfois offert à côté des symboles bleus ou rouges. Il est parfois préférable quand il faut passer plus rapidement à une forme particulière d'accord.

# Répertoires de gammes

① Indique la position des doigts sur le manche (le nombre indique quel doigt devrait être employé) et aussi que la note jouée est une fondamentale.

① Indique l'emplacement de la note sur le manche et quel doigt devrait la jouer. La coloration rouge signifie que la note n'est pas une fondamentale et que, par conséquent, elle ne donnera pas son nom à l'accord.

Là où aucun nombre ne figure, le doigté demeure inchangé et «en position».

① Le nombre noir indique que le doigté de la gamme se déplace «hors position».

▣ Corde à vide jouée dans l'accord.

◉ Fondamentale à vide jouée dans l'accord (par ex., la note E dans un accord de E).

1 Le nombre sous la première frette illustrée indique à quelle hauteur se situe la gamme sur le manche. 1 représente la première frette. Un nombre plus élevé signifie que la gamme est jouée plus haut sur le manche.

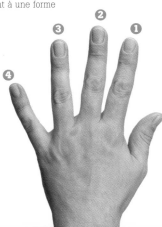

**Doigté**
*Le doigté universel a été utilisé tout au long de l'ouvrage.*

**Mentions de sources et remerciements**

Les éditeurs aimeraient remercier les personnes et les entreprises suivantes pour les illustrations et photographies reproduites dans ce livre :

Légende :
h = en haut, b = en bas,
g = à gauche, d = à droite

12 Marc Sharratt/Rex Features
244h, 245h, 247bd KORG
244bg, 244bd Wittner GmbH & Co. KG
246 Marshall Amplification plc.
247h The Epiphone Company,
        une sous-marque de Gibson
247bg Line 6 UK, Ltd

Remerciements particuliers aussi à Holiday Music qui a fourni les instruments et les accessoires photographiés dans ce livre :
Holiday Music
396-398 High Road
Leytonstone
London E10
www.holidaymusic.co.uk